PRÁCTICA NARRATIVA

PRÁCTICA NARRATIVA
La conversación continua

MICHAEL WHITE

Editado por David Denborough

Prefacio
Jill Freedman

Introducción
David Epston

Epílogo
Cheryl White

Palabras finales y agradecimientos
Cheryl White

Título del original en inglés: *Narrative practice. Continuing the conversations*
Copyright © 2011 by Cheryl White and Penny White
Preface and Introduction copyright © 2011
by W. W. Norton & Company, Inc.
Epilogue, Postscript, and Acknowledgment copyright © 2011
by Cheryl White

Traducción: Marina González Gutiérrez
Revisión técnica: Alfonso Díaz Smith, Marcela Estrada Vega,
Marina González Gutiérrez, Ítalo Latorre-Gentoso,
Carolina Letelier Astorga

Coordinación editorial: Amandine Semat
Edición: Mónica Nepote, Ramón Vera Herrera
Diseño de portada y diagramación: Gabriela Diaz, Javier Alcaraz
Primera edición: septiembre de 2015, Santiago de Chile

© de todas las ediciones en castellano, PRANAS Chile Ediciones
PRANAS Chile Ediciones es una editorial independiente,
ubicada en Santiago de Chile
pranas@pranaschile.org
pranaschile.org

Esta edición fue desarrollada en colaboración con el
Colectivo de Prácticas Narrativas, México
info@colectivo.org.mx
colectivo.org.mx

ISBN: 978-956-9719-00-4
Impreso en Chile y México – *Printed in Chile and Mexico*

Este libro se formó con los archivos encontrados
en la computadora de Michael luego de su
muerte. No sabemos qué opinaría él respecto
de esta selección, sospechamos que tendría
opiniones encontradas. Es muy probable que
muchos de los artículos no los hubiese
publicado tal cual. Aquí los ponemos a su
disposición, luego de una reescritura y ahora
traducción, para que cada quien saque
sus conclusiones.

Alfonso Díaz Smith, Marina González Gutiérrez,
Marcela Estrada Vega, Ítalo Latorre-Gentoso,
Carolina Letelier Astorga
Pranas Chile y Colectivo México

Las notas de la edición original en inglés se distinguen por una numeración subsecuente mientras que las notas a la edición en castellano, tanto de los editores como de la traductora, están marcadas con asteriscos.

ÍNDICE

Agradecimientos

Nos gustaría agradecer al equipo del W. W. Norton por su ayuda para realizar esta publicación. El entusiasmo de Deborah Malmud, su aportación en la parte editorial han sido invaluables y las habilidades editoriales de Margaret Ryan han contribuido en gran medida a este manuscrito. Mark Trudinger también nos brindó ayuda para la edición.

También quisiéramos agradecer a Mary Heath y a Rachel Herzing por sus valiosos comentarios respecto a los primeros borradores del Capítulo 7.

Por último, queremos dar las gracias a los siguientes profesionales, quienes respondieron a nuestra invitación para contribuir en el epílogo: Isabelle Laplante (Francia), Nicolas De Beer (Francia), Niels-Henrik Sørensen (Dinamarca), John Stillman (EUA), Jim Duvall (Canadá), Caleb Wakhungu (Uganda), Leticia Uribe (México), Marilene Grandesso (Brasil), Pierre Blanc-Sahnoun (Francia), Maggie Carey (Australia), Yishai Shalif (Israel), Sekneh Hammoud-Beckett (Australia), Walter Bera (EUA), Gaye Stockell (Australia), Alfonso Díaz-Smith (México), Hugh Fox (RU), Shona Russell (Australia), Geir Lundby (Noruega), Tod Augusta-Scott (Canadá), John Winslade (NZ/EUA), Jonathan Morgan (Sudáfrica), Peggy Sax (EUA), Sarah Hughes (Canadá), Maksuda Begum (Bangladesh), Rudi Kronbichler (Austria), Ruth Pluznick (Canadá), Zoy Kazan (EUA), Marilyn O'Neill

(Australia), Yasunaga Komori (Japón), Lorraine Hedtke (EUA), Vivian Navartnam (Singapur), Cuqui Toledo (México), Kaethe Weingarten (EUA), Jeff Zimmerman (EUA), Angela Tsun on-Kee (Hong Kong), Maria Angela Teixeira (Brasil), Daria Kutuzova (Rusia/Francia), Angel Yuen (Canadá), y Chris Beels (EUA).

Nota del editor

David Denborough

En este libro, hay un relato particularmente significativo para mí. En el Capítulo 2, Michael cuenta la historia de Donna, a la que conoció cuando su familia cercana estaba muy preocupada por su calidad de vida. A Donna le diagnosticaron esquizofrenia, la medicaron por lo mismo durante varios años y experimentó varios ingresos en hospitales psiquiátricos. Michael se reunió varias veces con ella y su familia en un periodo de ocho meses, y en esta época ella comenzó a salir al mundo. Sin embargo, por muchos años, Donna siguió visitando a Michael en el *Dulwich Centre* de vez en cuando para lo que ella llamaba una "recarga". Un día, la reunión tomó un giro inesperado:

Cuando me reuní con Donna en esta ocasión, llevaba cinco meses sin verla. Al final de nuestra conversación, miró alrededor del consultorio, escudriñó todo y exclamó: "¡Qué desorden!" Se refería sobre todo a mi sistema de archivo —en aquel entonces, clasificaba mis archivos horizontalmente y nunca encontraba lo que buscaba. Le contesté: "Sí, es un desorden. Y estoy decidido a hacer algo al respecto". Donna agregó: "¿Qué te hace pensar que estás listo para dar este paso?". Había algo tan familiar en su pregunta. Me reí y le contesté lo mejor que pude. Luego, vino otra pregunta de Donna: "Me imagino que esta decisión no salió de la nada. ¿Cómo llegaste a ella?". Ahora ambos nos reímos. Donna siguió con el andamiaje de esta entrevista con preguntas tipo: "¿Cuándo piensas estar listo para dar este paso?". "Supongo que en una o dos semanas", le dije. Conversamos un poco más y la acompañé a la recepción. Ahí, para mi sorpresa, Donna hizo otra cita para que nos viéramos, dos semanas después. Le comenté que eso se apartaba de su hábito de hacer citas sólo hasta cuando sentía la necesidad de otra "recarga". Donna respondió, entusiasmada: "¡Oh! ¡Pero esta cita no es para mí, es para ti! Voy a abrirme el espacio para que me veas en dos semanas y ver cómo fue que arreglaste tu desorden." Me quedé boquiabierto.

Donna hizo la cita para un jueves en la mañana, temprano, y me quedé la mitad de la noche del miércoles ordenando mis archivos verticalmente. Logré dormir unas horas, y junté fuerzas con cafeína antes de encontrarme con Donna. Fue un evento extraordinario. Donna entró al consultorio, histriónica, y proclamó en voz alta: "¡Qué cambio! ¡Lo lograste!" Luego, se detuvo: "Pero no debería de decir eso. Lo que importa es lo que piensas tú". Nos reíamos de nuevo, y no podía guardar la compostura, por las preguntas de Donna: "¿Y cómo afecta la imagen que tienes de ti?".

Esta historia es significativa para mí por varios motivos. Transmite algo del placer, de la alegría y de la política igualitaria que acompañan la práctica terapéutica de Michael, en particular con las personas con graves problemas de salud mental. También deja entrever lo que implica la tarea de recopilar los trabajos de Michael que no han sido publicados. ¡Si no hubiera sido por Donna, tal vez no habríamos encontrado algunos de los capítulos de este libro! Así, el verano pasado me sumergí en los sistemas de archivos horizontales y verticales de Michael. Esto implicó también buscar entre montones de disquetes: esos discos de plástico arcaicos con ese zumbido tan evocador de los años ochenta y noventa. Había más de 200. Sentí que el proceso era un poco como una misión de rescate. En ningún momento supe qué hallazgos podían estar a la vuelta de la esquina.

Y de hecho encontramos joyas. Ya conocía muchos de los manuscritos y los andaba buscando de forma deliberada, pero encontré otros sin esperarlos. Abrí el archivo 17 de un disquete en particular (los archivos siempre estaban etiquetados de forma incomprensible) y de repente había historias desconocidas hasta el momento e ideas brillantes. Fue un sentimiento muy emocionante, que había vivido tantas veces antes.

Enero era siempre la época en que Michael escribía. En pleno verano, se escondía para leer y escribir. Nosotros esperábamos con paciencia y preguntábamos con cuidado cómo iban las cosas. Después, el primer borrador estaba listo y me lo entregaba. Siempre anhelaba ese momento. Sabía que las últimas historias e ideas de Michael siempre me hacían pensar la vida de forma diferente. Y siempre lo hicieron. Luego trabajábamos juntos para darles su forma final.

Y así, esta vez, buscando entre los sistemas de archivos, me encontré con los primeros once borradores. Algunos estaban mucho más completos que otros. Al recopilar escritos de un autor después de su muerte, parece importante ser transparente sobre el trabajo que hay tras bambalinas.

Ofrezco a continuación un breve relato acerca de cada capítulo y explico el trabajo que requirió cada uno para su publicación en este libro.

1. Traer el mundo a la terapia y subvertir las operaciones del poder moderno
Este capítulo provee una introducción interesante a las perspectivas singulares de Michael sobre el poder moderno y sus implicaciones en

la terapia. Se construyó a partir de dos fuentes diferentes: el discurso inaugural de Michael de la segunda Conferencia Internacional de Terapia Narrativa y Trabajo Comunitario del *Dulwich Centre* que se llevó a cabo en Adelaida en el año 2000 y las notas de un taller de 1999, Los diferentes rostros del poder.

2. Los puntos de inflexión y la importancia de la ética personal y comunitaria
Michael presentó este discurso de apertura conmovedor, sorprendente e inspirador en la Escuela Internacional de Verano de Práctica Narrativa del *Dulwich Centre* en Adelaida en 2004. También incluimos un pequeño extracto de unas notas manuscritas llamadas "Complicando aún más el ser ético".

3. El poder, la psicoterapia y las nuevas posibilidades de disentir
Cómo pueden las y los terapeutas negarse a reproducir la cultura dominante en la terapia. En este capítulo, Michael procura ofrecer un camino que vaya mucho más allá de la ética del control. Es un extracto de un manuscrito más largo que preparó para una conferencia en Adelaida. Este documento, escrito a principios de los años noventa, requirió de una mínima edición.

4 y 5. La "contratransferencia" y el enriquecimiento de los relatos/ Las resistencias y la responsabilidad del terapeuta
Al escudriñar los temas de los que Michael habló pocas veces —el fenómeno de la "contratransferencia" y de la "resistencia"—, sacamos estos dos capítulos de presentaciones que dio Michael en la conferencia sobre la Evolución de la psicoterapia en Anaheim, en 2005. Ambos combinan las notas que Michael desarrolló para estas presentaciones

y los relatos que contó en la conferencia. Los relatos fueron transcritos y entretejidos con el texto.

6. *Acerca de la anorexia. Entrevista con Michael White*
Han pasado muchos años desde que Michael publicó sus opiniones sobre las respuestas narrativas a la anorexia. Mantuve esta entrevista con él en el aeropuerto de Melbourne en mayo de 2006. En 2007, la enviamos a muchos profesionales para que la revisaran, pero nunca llegamos a publicarla. Sólo requirió de pequeños cambios antes de su inserción aquí.

7. *Las responsabilidades. El trabajo con hombres que han perpetrado violencia*
En 2005 y en 2006, Michael impartió dos talleres intensivos sobre el tema "responder a la violencia". Para preparar los talleres, nos reunimos con *Wowsafe* (un grupo de mujeres que trabajan tratando la violencia de los hombres contra las mujeres) y Rachael Haggett nos invitó a trabajar con hombres internados en la unidad de prevención de la violencia en la cárcel de Longbay. Este capítulo se redactó a partir de varias fuentes: las notas que Michael escribió y compartió en 2006 en el taller Responder a la violencia; tres juegos de notas manuscritas para talleres que Michael guardaba en un folder con relación a este tema donde esbozaba un "mapa" para romper con las formas de ser abusivas; una carta terapéutica escrita por Michael en 2001 y una carta terapéutica que co-escribimos luego de visitar la cárcel de Long Bay en 2006. Primero, fui a capacitación en el *Dulwich Centre*, hace 17 años, cuando debido a mi trabajo en la prisión de Long Bay y en mi labor con hombres jóvenes en escuelas buscaba modos de responder a la violencia de los hombres. Creo que

las implicaciones de las ideas de Michael en cuanto a la forma de responder a la violencia de los hombres son muy significativas. Habiendo compartido conversaciones con Michael sobre los modos de responder a la violencia de los hombres, desde principios de 1990, miro con cierto sentido de alivio que ahora estas ideas estén a disposición de otros practicantes.

8. *La externalización y la responsabilidad*

Una de las preguntas que más comúnmente le hacían a Michael en los talleres era: ¿Cómo se relaciona el concepto de externalización con las consideraciones sobre la responsabilidad? Este capítulo brinda una respuesta. Es una transcripción que editamos de la presentación que Michael hizo en la Conferencia sobre la Evolución de la Psicoterapia en Anaheim en 2005.

9. *Revaluación y resonancia. Respuestas narrativas ante experiencias traumáticas*

A principios del año 2000, la atención de Michael se dirigió hacia la exploración de respuestas narrativas al trauma. Ofreció un discurso fundamental e influyente sobre este tema en la cuarta Conferencia Internacional de Terapia Narrativa y Trabajo Comunitario en Atlanta, Georgia, en 2002. En vísperas de la conferencia, Michael escribió varias versiones de esta presentación, todas ellas con bastante más material del que podía presentar en el foro. Encontré estas notas detalladas sobre "revaluación y resonancia" en una de las versiones. En este capítulo tuve que incluir un extracto de texto que explicara el concepto de lo "ausente pero implícito". Este extracto se tomó de una pieza previamente publicada por Michael (2003).

10. Involucramientos con el suicidio
Responder a las personas que habían perdido seres queridos debido al suicidio era un tema que Michael enseñaba pero sobre el que nunca publicó a lo largo de su vida. Construimos este capítulo a partir de tres fuentes diferentes: un manuscrito fechado el 15 de octubre de 1999 para la introducción, la transcripción de un video para el ejemplo de práctica (los detalles que pudieran identificar a las personas involucradas fueron cambiados); el párrafo de transición y la conclusión fueron reconstruidos a partir de las notas de un taller.

11. Terapia de pareja. Introducir a las parejas en una aventura
Los terapeutas suelen solicitar ideas sobre formas de trabajar la narrativa con parejas. Por ello, hemos incluido estas notas sin fechar, que encontramos entre los archivos de Michael. Probablemente fueron escritas en 1999 o en 2000.

Son once capítulos, once joyas. Cada uno ilumina a su manera un aspecto de las múltiples contribuciones de Michael al campo de la práctica terapéutica.

A Michael le gustaba citar a Clifford Geertz respecto a la importancia de "rescatar lo dicho" (ver Geertz, 1983; Newman, 2008). La palabra hablada es efímera, no perdura. Entonces, cuando una persona articula conocimientos sobre su vida obtenidos a duras penas, el rol de quien brinda la terapia puede ser el de "rescatar" lo dicho, y el significado de lo que se dijo, y documentarlo de modo que la persona pueda examinarlo en el futuro y usarlo durante su vida. Este proceso involucra honrar y ampliar la "vida" de las palabras que, de otra manera, podrían pasar desapercibidas. La forma en que este proceso se desarrolla involucra consideraciones éticas en cada paso.

Me di a la tarea de editar los once capítulos que aparecen en esta recopilación, a manera de "rescate" —un acto por recuperarlos o evitar que se pierdan. Cada vez que me encontraba un archivo en alguno de esos disquetes, experimentaba mucha euforia, pero también la sensación de "la facilidad con la que se podían haber perdido". Este libro busca honrar y ampliar la vida de las palabras que, de otra manera, podrían haber pasado desapercibidas, y preservarlas para que en el futuro las y los terapeutas puedan usarlas.

En el camino, hemos tratado de tomar en cuenta las múltiples consideraciones éticas acerca del trabajo con las palabras de alguien que ya falleció. De forma significativa, todos los fragmentos y escritos originales que representan los "borradores" de los capítulos de este libro se conservarán en el Archivo Michael White, para que las y los estudiantes puedan, si lo desean, considerarlos y trazar cada paso de la edición y de la reconstrucción del texto que significó realizar esta recopilación.

El otro día, llamé a Donna porque quise que supiera del libro. Me dijo lo contenta que estaba de escuchar esto. Habló de lo mucho que le importaba Michael y lo mucho que lo extrañaba. Cuando le recordé sus esfuerzos por ayudar a Michael a limpiar el desorden de su oficina, y le dije que esto me había facilitado un poco la tarea de elaborar el libro, ambos reímos.

Muy a menudo se escuchaba el sonido de la risa desde el consultorio de Michael. Espero que sus ecos se hallen en las páginas de este libro.

Prefacio

Jill Freedman

Una vez, bromeando, le dije a Michael que estaba enojada con él. Le expliqué que todo empezó cuando volví a leer uno de sus artículos. De una manera indignada, le pregunté cómo había logrado que mi idea más reciente se colara en un artículo que escribió hace seis años y que yo había leído con mucho cuidado cuando se publicó por primera vez. ¡Sonrió y me pidió disculpas!

Los escritos de Michael siempre están llenos de ideas nuevas, no importa las veces que los lea ni hace cuánto fueron escritos. Esto es uno de mis consuelos desde que murió. Los puedo leer y volver a leer, y siempre encuentro algo nuevo. Sin embargo, es un regalo poder tener un libro con escritos que nunca se habían publicado. Este libro es un tesoro, un hallazgo que sé que exploraré en los años por venir.

Uno de los regalos es la inclusión de textos que originalmente se impartieron oralmente como conferencias. Para quienes escuchamos estos discursos inspiradores, poder regresar a ellos cuidadosamente y estudiarlos es un placer inesperado y una gran fuente de aprendizaje. Para quienes no estuvieron presentes cuando Michael dio estas charlas, este libro es una primera oportunidad.

En el libro se incluyen también descripciones del trabajo de Michael con muchas personas. Estas descripciones no sólo abordan detalles de su trabajo, sino que muestran el cuidado exquisito con que manejaba sus relaciones terapéuticas. Me da mucho gusto ver que el libro incluyó una larga transcripción de una de esas conversaciones. Es la forma más cercana que tenemos de ver cómo era Michael trabajando.

También hay ensayos que nos sumergen en la complejidad de su pensamiento y en los compromisos y propósitos que siempre fueron el fundamento de su trabajo. Sus palabras sobre la ética y la política son directas, francas y claras: " No se trata nunca de llegar a la decisión de politizar o no nuestros consultorios [...], sino de preguntarnos si estamos o no *dispuestos a reconocer* la existencia de lo político en nuestras prácticas, y a reconocer qué tan propensos estamos a ser cómplices en la reproducción de ese sustrato político".

Quizá porque es éste el último libro de Michael decidí saborearlo con lentitud; decidí leer unas cuantas páginas cada mañana en mi consultorio, antes de empezar las conversaciones del día. Estas páginas me hicieron reír y llorar. También renovaron mi inspiración para el trabajo. En las conversaciones con las personas que me consultan, he notado momentos que resonaban con las escenas que Michael describió. Pude sentir que comencé a responder diferente en mi trabajo, y eso me hizo sentir bien. Cuando leí que Michael decía, "quizá sea tiempo ahora de hallar nuevos modos de declarar nuestros propósitos conscientes, y de elevarlos de modo que sean constitutivos de nuestras vidas y nuestro trabajo", me descubrí gritando "¡Sí!"

Es una alegría volver a escuchar la voz de Michael. En este libro, su voz es fuerte y clara, es suave y nos cuestiona, con risas y seriedad. Recibí el manuscrito del libro antes de que se le pusiera un título. Me encantó descubrir más tarde que estaba leyendo *Práctica narrativa: la conversación continua*. Al leerlo me siento involucrada en seguir conversando con Michael. Pero me parece que son algo más que conversaciones. Leyendo este libro me dio la sensación de que Michael me acompañaba en el trabajo. Confío en que todas las personas que lean el libro vivan esta experiencia. Nunca tuve un compañero o una compañera de trabajo que me ofreciera ideas más creativas y consideradas, ni que se uniera de forma tan entusiasta en las conversaciones.

Hubo un tiempo en que Michael repetía una cita sobre las repercusiones. Era más o menos algo como: "Las repercusiones que más duran, duran más que las repercusiones que no duran tanto". Me encanta esta cita, no sólo porque escucho en ella el acento australiano de Michael, sino también porque habla de los modos en que las pequeñas acciones tienen cada vez más efectos, en modos impredecibles. En uno de los ensayos del libro, Michael escribe explícitamente sobre la utilidad de destacar las pequeñas acciones. Esta práctica siempre fue importante en su trabajo. Lo vemos una y otra vez en sus ejemplos. Pero también menciono esta cita por las repercusiones que imagino tendrá este libro una vez que se ponga en movimiento. Sé que quienes hemos estudiado la obra de Michael y leído sus libros anteriores le daremos la bienvenida a este libro. También espero que, a través de este libro, una nueva generación de terapeutas conozca su obra. Y me va a emocionar mucho ver las repercusiones.

La primera vez que leí este libro lo hice con mucha lentitud, pero ya he regresado una y otra vez. He marcado páginas, escrito notas y subrayado oraciones. Va una de las notas que garabateé en el margen: "Me surgen algunas preguntas —de las que me encantaría hablar con Michael. Pero más bien tendremos que hablar quienes seguimos". Y espero de todo corazón que lo hagamos.

Introducción

David Epston

Michael, algunos meses después de tu muerte leí un relato corto y sé que me asestó un golpe en el indefenso plexo solar.

El narrador de esta historia era un cantinero. Hablaba de un cliente que venía día tras día, que se sentaba en el mismo taburete y pedía las mismas dos copas de vino blanco. El cantinero sabía que no debía interrumpirlo, pues su cliente estaba involucrado en lo que le parecía una conversación muy seria con un interlocutor invisible. Después de tomarse ambas copas de vino en una hora o más, se retiraba. Luego de varios años durante los cuales se acostumbraron el uno al otro, el cantinero se animó a preguntarle: "¿Por qué dos copas de vino y no una?". El cliente, con tristeza, le confió que la otra copa era para su amigo que había tenido que buscar asilo político. Unos meses después, el cliente ordenó una sola copa. El mesero hizo algo que nunca había hecho, se pasó del otro lado de la barra, lo tocó y le dijo: "Mis condolencias" (Galeano, 2006, p. 213).

Con todo lo que dejaste, y en particular los dos tesoros que guardaste —estos alijos de tesoros, el primero incluye los textos que siguen en este libro y tus archivos de video (http://www.dulwichcentre. com.au/michael-white-archive.html)—, me imagino que muchos de nosotros pediremos dos copas, una para ti y otra para nosotros. Tenemos tanto más que hablar contigo, y tienes tanto más que contarnos.

Empecé a escribir esta introducción el 4 de abril, en el segundo aniversario de tu muerte repentina. Creo que no fue muy prudente de mi parte, ya que me puse a escribir algo similar a mi obituario anterior. Esto precipitó un tumulto de noches de insomnio y de días alterados. Me reconfortó un poco Joan Didion: "El dolor se torna un lugar que ninguno de nosotros conocemos hasta llegar a él" (2003, p. 188). Unas semanas después, regresé al proyecto y me pareció aún más difícil saber cómo seguir. Estaba perturbado, y hablé con Ann (Epston), como sabes que hago. "¿Por qué no le escribes una carta?"[1] Me animé enseguida: te quería hablar de tantas cosas, y ahora tenía los medios para hacerlo —como el cliente que pedía dos copas de vino blanco, en vez de la copa usual.

Recordarás, que después de varias cancelaciones, al fin logramos acordar una fecha para reunirnos en Adelaida. No nos quedaba duda alguna de que nada se interpondría en el camino de esta cita. Por desgracia, ese día resultó ser apenas tres semanas después de que murieras. Fue a tu funeral por lo que regresé a Adelaida. No te puedo decir lo mucho que esperaba esta cita para trazar el mapa de la siguiente fase de nuestra "hermandad de ideas" en nuestras respectivas veneraciones.

Desde mediados de los noventa, tuvimos que reconocer que, a pesar de nuestras mejores intenciones, nuestras respectivas vidas laborales y de viajes habían descartado esta posibilidad. ¿Recuerdas nuestro asombro perpetuo al ver cómo despegaba la terapia narrativa después del taller que precedió el Congreso de 1989 de la *American Association for Marriage and Family Therapy* (aamft) en San Francisco y después de tu entrevista en vivo con el llamado "encendedor"? Y después fue el número especial de *Family Therapy Networker* de 1994 sobre terapia narrativa (Simon, 1994) y un año después, el artículo de *Newsweek* (Cowley y Springen, 1995). Más recientemente, ambos nos ocupamos en nuestros respectivos proyectos de escritura —Rick Maisel y yo fuimos coautores de *Biting the Hand that Starves You: Inspiring Resistance to Anorexia/Bulimia* (Maisel, Epston, y Borden, 2004), mientras trabajabas en *Maps of Narrative Practice* (White, 2007)[*]. ¿Tuviste alguna intuición sobre tu inoportuna muerte? ¿Por eso trabajaste tan duro para preparar lo que considero un destilado del trabajo de tu vida?

Para mí, significa tanto haber lanzado tu libro *Maps* en Noruega, en la Conferencia Internacional de Kristiansand.[2] Y me río solo, pensando en que cuando te enteraste que me habían elegido para hacerlo usaste cada pizca de tus considerables poderes de persuasión para convencerme de que lo cancelara. Cuando viste que no cedía, me saliste con argumentos elaborados. Michael, frente a alguien tan respetuoso y agradecido con cada persona que cruzaba tu camino en el trabajo o a lo largo de tu vida, frente a alguien que dio tantas ideas en "foros" de reconocimiento (ver White, 1997/2000), era para nosotros una ocasión muy especial el organizar algo así para ti.

No te puedo decir el alivio que siento de que salgan a la luz estos artículos, conferencias, apuntes de talleres, cartas y fragmentos que no se habían publicado. Por supuesto, supe que existe otro tesoro escondido, las cintas de video. Aunque publicaste constantemente desde inicios de los ochenta a través del *Dulwich Centre Publications* (Epston y White, 1992; White, 1989b, 1995a, 1997, 2000b, 2004; White y Morgan, 2006), siempre lamenté el hecho —y compartías mis preocupaciones— de que la academia y el medio terapéutico de

---

[*] N. del E. White, M., *Mapas de la práctica narrativa*. Pranas Ediciones, Santiago de Chile, en prensa.

Estados Unidos te mencionaban casi sólo por *Narrative Means to Therapeutic Ends* (White y Epston, 1990).

¿Cuántas veces habremos hablado de la enorme deuda que teníamos con la independencia de Cheryl White, Jane Hales, David Denborough, y Mark Trudinger en el *Dulwich Centre Publications*? Sus publicaciones se han involucrado con tantas cosas que te concernían. Ningún editor establecido podría haber sido capaz de publicar muchos de los títulos que publicaron. El *Dulwich Centre Publications* ha sido, y seguirá siendo por algún tiempo, la voz "primordial" de la terapia narrativa y del trabajo comunitario. Y pensar que todo empezó a principios de los ochenta con un boletín titulado *Coming Events*. El boletín anunciaba las conversaciones por venir de los viernes, después del trabajo, en el *Dulwich Centre* en Adelaida. Creo que sin una editorial independiente, la terapia narrativa nunca habría podido hablar con la fuerza que lo hizo, en su modo propio y de tantos asuntos de los que, algunas veces, fuiste el portavoz.

Sé que agradeciste tanto como yo a W. W. Norton, una editorial respetable que publicó en casa nuestra primera y modesta versión de *Literary Means to Therapeutic Ends*, le cambió el título a *Narrative Means to Therapeutic Ends* y la dio a conocer entre un creciente número de lectores en el mundo.

Susan Barrows Munro se volvió una amiga, una confidente y nuestra editora hasta que Deborah Malmud tomó el relevo y llevó la edición de *Biting the Hand that Starves You* (2004) y de tus *Maps of Narrative Practice* (2007). Ambos nos enorgullecimos mucho de nuestra asociación con W. W. Norton.

El territorio de preocupaciones sociales, políticas y éticas que tratabas de considerar, en lo personal, y en tus escritos y prácticas, era tan vasto. La lectura de estos artículos que no se han publicado brindará a las personas que desconocen estos asuntos una muestra de tu erudición, elegancia de pensamiento, generosidad de espíritu, y lo más obvio, de la valentía de tus convicciones. Y no estabas solo con estas convicciones. No tenías duda de que Cheryl fuera esa persona a la que a menudo te referías como "mi musa". También *The Family Centre* (Warihi Campbell, Taimalieutu Kiwi Tamasese, Flora Tuhaka, y Charles Waldegrave) y su "terapia justa" te consultaron y se educaron contigo mientras empezabas a involucrarte con otras culturas que no eran la tuya (Waldegrave, 2005, 2009; Waldegrave, Tamasese, Tuhaka y Campbell, 2003). Y hubo mucho más. Quien se acerque a ti después de leer los *Mapas* puede empezar a captar, a partir del rango de artículos no publicados, algo que podríamos llamar tu reinvención del "imaginario social" (Taylor, 2007, p. 171).[3] ¿Por qué sugiero estos términos tan grandilocuentes? Lo hago, con ciertas reservas, para señalar tu visión, aunque te hayas restringido a lo local y a lo particular en la vida.

LA POÉTICA JUNTO A LO POLÍTICO

Estos textos dirigen nuestra atención a tu política y a tu ética, pero raras veces hablaste de lo que llamo la *poética* de tu práctica o de tu pensamiento en general. Quizás para ti, era tan obvio que simplemente no venía al caso o era algo tácito e iba más allá de tu propia narración. Cualquiera que vea un video tuyo, lea uno de tus textos, o te haya escuchado hablar no puede sino maravillarse de la elocuencia de tu pensamiento. Hace poco, Stephen Madigan me dijo que cuando te leía, a menudo "se le llenaban los ojos de lágrimas [...] eran lágrimas de alegría asombrada, como cuando uno lee poesía, como cuando a uno le golpea una belleza abrumadora" (S. Madigan, comunicación personal, 19 de abril de 2010).

Nadie te podrá plagiar, porque dejaste tu impronta en todo lo que dijiste o escribiste. Seguro agregaste cientos de preguntas al acervo de la investigación terapéutica. ¿Y cuántos neologismos tuyos aparecerán algún día en el *Oxford English Dictionary*? En el periodo que va de 1981 a 1986, convertiste la gran teoría de Bateson en una práctica terapéutica única. Pero lo más fascinante de tal empresa fue el modo en que volviste a trabajar el lenguaje para poder "darle la vuelta" o circunscribir las complejidades de la relación —algo que el idioma inglés no logra adecuadamente. Fue aquí, y con las encantadoras conversaciones de externalización con jóvenes, que por primera vez me maravilló la genialidad de tu léxico.[4] Era raro que dijeras mucho de lo que no hubieras inventado previamente.

¿No crees que tenemos que acudir a la poética para esto? Al fin y al cabo tus palabras nos cautivaron a veces, y para mí no fue ninguna sorpresa que te basaras en Bachelard (1958/1994) y en la metáfora estética del "transporte" como imágenes para tu práctica narrativa.

Si tuviéramos que involucrarnos con la importancia de la poética en la práctica narrativa, sospecho que tendríamos que preocuparnos por leer más allá de nuestras disciplinas. ¿Por qué creo que vale la pena? Porque, considerar el lenguaje con el que visibilizaste el mundo de tu imaginario social vuelto a imaginar es algo que nos preocupa a todos —y también nos deleita. Esto nos haría reconsiderar las conversaciones de externalización y quizás hacer de ellas algo más de lo que hemos hecho hasta ahora.

En *The Language of Inquiry*, Lyn Hejinian escribió: "Al menos es en parte por este motivo que la poesía tiene esta capacidad para la poética, para reflexionar-se, para hablar de sí misma; es en virtud de esto que la poesía puede hacer que el lenguaje gire sobre sí mismo y así rebase sus propios límites" (Hejinian, 2000, p. 1). La poética, así como la narrativa, hace que el lenguaje devenga un *medium* para atravesar la experiencia.[5] Tú y las personas que consultaste como terapeuta o aquellas personas a las que enseñaste parecían estar provistos para "pensar de otra manera" —para ir más allá de los límites lingüísticos que les habían circunscrito antes. Observé tantas de las personas que te consultaron sentado detrás de una cámara de Gesell; recuerdo que fueron muy pocas las que no se sorprendieron al principio, y después se deleitaron, con los lugares a donde les llevaba esa conversación —más allá del lugar donde estaban. Las dejaste con una indagación propia que reflexionar y vivir con sus vidas. Se quedaban con una investigación personal para pensar y vivir su vida —una investigación para arriesgarse a "volverse otra persona" con el entendimiento implícito de: "esto sí está sucediendo".

¿La fascinación que teníamos por el ritual *performativo,* y tu cuidadosa reelaboración artesanal, no te recuerda las ceremonias de definición de Myerhoff y sus "testigos externos" (Myerhoff, 1982; White, 1995b)? Cuando planeamos reencontrarnos, aludiste a varios asuntos que habíamos leído en el pasado y debíamos revisar. ¿Estabas pensando en la "fase liminal" de van Gennep y en la "anti-estructura" de Turner? Sé que yo tenía el *Performance Ethnography: Critical Pedagogy and the Politics of Culture* de Norman Denzin (2003) en mi lista de cosas que leer contigo para indagar la importancia que podría tener.

FOUCAULT

Fue en la compañía intelectual de Foucault que encontraste un lugar estratégico desde donde reflexionar y criticar la historia cultural de la psicoterapia y sus prácticas mismas. Pienso que tal vez esto te permitió "pensar de otra forma" diferente de la "otra forma" en qué habías pensado antes. Digo esto porque desde el primer día en que te escuché hablar de tu trabajo, en 1981, no me quedó ni la menor duda de que "pensabas diferente"[6]. Recuerdo que después me levanté, como llevado por algún tipo de compulsión: quería anunciar a los asistentes que estuvieran conscientes de que acababan de presenciar "la fundación de otra escuela de terapia familiar". Era cierto, en parte, porque tu vida laboral se convirtió en algo más allá. Antes, en los años setenta, habías buscado refugio en el ala política de la terapia familiar, como yo.[7]

Era como si algunas veces Foucault estuviera dirigiéndose a ti directamente, aunque a veces él era bastante opaco al respecto. ¿A poco no te sentiste desasosegado, como sospecho que también Foucault se sintió cuando trabajaba en un hospital psiquiátrico como psicólogo interno, varias décadas antes que tú? Foucault te brindó una historia cultural de nosotros mismos, ¿verdad? Al situarnos en nuestra propia historia y en nuestra propia cultura de la "terapia", él te brindó los medios y la fortaleza, no sólo para reflexionar sobre nuestras prácticas, sino para reinventarlas.

Foucault desafió las narrativas que existían sobre nosotros —aquéllas que nos obligaban a sacar el arte de la sanación de la oscuridad para llevarlo a la luz de la pericia de la psicología y las tecnologías asociadas. Él nos mostró que las nuevas formas de poder, a las que se refería como "el poder de los expertos", se enmarañaban con los nuevos modos del conocimiento. Más que cualquier persona que conozca, él hizo que vieras bastante más allá de nuestras buenas intenciones y estuvieras muy atento a los efectos de nuestras prácticas como terapeutas: "Sabemos lo que pensamos; pensamos que sabemos lo que hacemos; pero, ¿sabemos lo que causa lo que hacemos?" (Foucault, en Dreyfus y Rabinow, 1983, p. 187). ¿Acaso no se volvió para ti una misión el rastrear estos efectos y, cuando encontrabas su fuente, tu sentido de la política con minúscula te impelía a buscar los remedios en tu práctica? Gracias a tu lectura, Foucault fue mucho más allá de la crítica que existía acerca de nuestras prácticas. Pero, por lo mismo, tal crítica te puso frente a frente con las formas actuales establecidas del "poder de los expertos" y con las formas actuales establecidas del conocimiento psicológico, con todas las cuales también nosotros nos hallamos enmarañados.

Foucault hizo que consideraras el "conocimiento" más allá de cualquier sentido filosófico. Sería pertinente llamar a lo que él hizo una "antropología de la hechura de la verdad"; es decir, del modo en que se producen y mantienen nuestras "verdades". Creo que tu ética y política entraron en juego cuando inventaste "contra-prácticas", prácticas que contrarrestaban aquéllas que autorizaban a ciertas personas a enunciar estas "verdades" y excluían a otras de estos "saberes", organizando así a nuestro mundo en *conocedores* y los otros, el resto: quienes apelan a los expertos. Te encargaste de que cada una de tus conversaciones terapéuticas fuera lo que llamabas una "calle de doble sentido", un intercambio de regalos recíprocos.[8] Siempre me pareció que reverenciabas doblemente a las demás personas: por su sufrimiento y por su no dejar de sufrir ellas mismas (King y Epston, 2009), y porque tenías la convicción de que eran personas poseedoras de "saberes".

El filósofo John Caputo teorizó sobre el tipo de terapeuta que pudo haber sido Foucault, dado que nunca expresó ninguna intención terapéutica explícita:

> Una terapia así —si acaso Foucault inventó alguna que lo fuera— no ve a quien sufre de locura como "pacientes" en el sentido de objetos del conocimiento médico, sino como *"patiens"* —personas que sufren mucho, que sufren a partir de su saber. Estos *"patiens"* no serían objeto de conocimiento, sino autores o sujetos de saber, de quienes tenemos algo que aprender. (1993, p. 260).

Caputo elaboró entonces que, para Foucault, como terapeuta:

> El gesto de sanación pensado para este sufrimiento no está destinado a explicar ni a llenar el abismo, sino simplemente a afirmar que no está la gente sola, que está hermanada en la misma noche de la verdad. El gesto de sanación no es explicar la locura si eso significa explicarla desechándola, sino reconocerla como un destino común, afirmando nuestra comunidad y solidaridad. (p. 260).

Compara lo anterior con mi resumen de tu versión de la solidaridad:

> ¿Y qué decir de la solidaridad? Pienso en una solidaridad construida por terapeutas que se rehúsan a dibujar una clara distinción entre sus vidas y las vidas de otros, que se rehúsan a marginalizar a aquellas personas que buscan ayuda; pienso en una solidaridad construida por terapeutas que constantemente confrontan el hecho de que frente a las circunstancias que configuran el contexto de los problemas de otros, tal podrían no estarlo haciendo ni remotamente bien. (White, 1993, p. 132).

¿Acaso cuando Foucault te reveló los límites históricos y culturales de estos conocimientos "expertos", fue de algún modo sorpresa para ti? Tengo la impresión de que Foucault confirmó tus sospechas y te dio el aliento para perseverar en lo que ya te preocupaba en las instituciones donde trabajabas en los años setenta y ochenta.

¿Será que el modo de ver de Foucault te dio cierta seguridad para pensar que sería posible desvincularte del autocontrol, del problematizarte a ti mismo, del automonitoreo y de la confesión mediante los cuales nos evaluamos bajo las "normas" que según Nikolas Rose (1993), "rigen" nuestras "almas"? Pregunto esto porque parecías concederle mucha importancia al hecho de no hacer lo que se espera que hagamos, a "pensar de otra forma" y a revelar, para después rechazar, aquellos deseos "manufacturados" siguiendo intereses políticos, sociales e institucionales.

Haciendo referencia a ese imaginario social reiventado vi que quienes habían perdido el corazón una y otra vez lo recuperaban luchando en sus conversaciones contigo. Era como si estas personas insuflaran vida en sus propias esperanzas en el futuro. Y lo más fascinante para mí era que a menudo descubrían que eran invaluables y "dignas de respeto" (Lindemann Nelson, 2001), es decir, dignas de su propio respeto y del tuyo.[9]

Paralelamente, le pusiste gran empeño a entender los problemas cuando los situaste en su propio medio cultural, y cuando señalaste a la tecnología DSM y a la industria farmacéutica como dos lugares importantes desde los cuales se construían los problemas. "Jugaste" con los problemas en vez de dejar que te poseyeran; los derribaste de las perchas seguras donde se posaban al mostrar que no están más allá de un análisis cultural, como algunos de sus defensores nos quisieron hacer creer.

John McLeod, el académico que trabaja el tema de la narrativa, considera la terapia narrativa como "post-psicológica", con justa razón, y quizá su descripción en términos de "trabajo cultural" sea más acertada:

Por lo tanto, la terapia narrativa puede verse como una forma de práctica "post-psicológica" (McLeod, 2004), o como una variación del "trabajo cultural" (McLeod, 2005) en vez de una aplicación de la ciencia psicológica o médica. Aunque la terapia narrativa conserve algunos elementos de la práctica básica de las "terapias psicológicas", como hablar de los problemas, consultar a un terapeuta y demás, con frecuencia sobrepasa las explicaciones e intervenciones de la psicología, y más bien busca ayudar a las personas al trabajar con las formas en que éstas hablan de los problemas, y con la forma en que participan en la vida social. (McLeod, 2006, p. 207; ver también McLeod, 2004, 2005).

CONSIDERACIONES ACERCA DE LA TRADUCCIÓN Y EL GÉNERO LITERARIO

Aquí me voy por otra tangente, pero lo que te quiero decir es que me he interesado en el bilingüismo (Sommer, 2003, 2004) y en las políticas de traducción (ver Epston, 2010; polanco[**] y Epston, 2009). Sé que cada vez que hablábamos de traducir nuestros libros a otros idiomas, primero nos maravillábamos por lo asombroso del asunto, pero luego hablábamos con más seriedad de nuestras preocupaciones

---

[**] N. del E. marcela polanco pide que sus nombre y apellido siempre se escriban en minúsculas.

acerca de la exportación del saber. ¿Se volvería la terapia narrativa otra marca global más? ¿Era posible "aculturar" la práctica narrativa según la cultura, política y circunstancias materiales de sus receptores? Si sí, ¿llevarían a una mutación estos "cruces de fronteras", si no es que a una transfiguración? Por cierto, *transfiguración* significa transformar mágica y sorprendentemente. ¿Podría ser uno de los medios a través de los cuales la terapia narrativa se renueva a sí misma todo el tiempo?

Estas preguntas nos llevaron al compañerismo con marcela po-lan-co, quien empezaba a traducir *Maps of Narrative Practice* al castellano de Colombia. Ella estaba determinada a "extranjerizar" más que a "domesticar" tu texto. Conforme se fue involucrando con este proyecto, siempre consideraba cómo era que tu lenguaje se relacionaba de alguna manera con las tradiciones literarias de Colombia, incluido el realismo mágico.

Mira lo que comentaba Marcela al traducirnos a ambos:

Encontré una resonancia poética. No es un lenguaje que nos hable de una experiencia vivida, sino uno que, una vez más, da nueva vida a una experiencia vivida. Es como un vocabulario viviente. La vida ocurre en los vocabularios, no junto a ellos ni antes de ellos. Cuando traducía una historia, la vivía. La idea del tiempo que dice que esta historia ocurrió antes y que ahora se está contando era irrelevante. (m. polanco, comunicación personal, 15 de mayo de 2010).

Y ahora, compara esto con nuestra primera publicación en 1985:

Estas cuestiones se caracterizan por [...] un vocabulario pintoresco trazado desde lo vernáculo pero con una diferencia en el uso a diario [...] una reconceptualización del tiempo, lejos de las restricciones del tiempo lineal del "reloj", que frecuentemente implica la modificación del tiempo verbal (Epston y White, 1985, p. 5).

¿Merece la pena reflexionar sobre la existencia de alguna conexión entre tu "estilo" narrativo y el realismo mágico? ¿Entre tus consideraciones acerca de la psicología popular (White, 2001) y la "sabiduría"?[10] ¿Te interesaría leer conmigo un libro llamado *Ordinary Enchantments: Magical Realism and the Remystification of Narrative* (Faris, 2004)? ¿Estarías de acuerdo con una descripción de las experiencias de las personas durante sus consultas contigo en términos de "encantamientos ordinarios"? Estos involucramientos con el realismo mágico me han llevado a leer a escritores sudamericanos, incluyendo al extraordinario escritor uruguayo, Eduardo Galeano (1992). Él me recuerda a ti. Podemos leer sus historias cuando te extrañemos. Creo que Galeano resolvió una adivinanza que teníamos tú y yo. Sigue leyendo.

¿Recuerdas tu desconcierto cuando las personas que asistían a algún taller te acusaban de ser insensible, a pesar del hecho de que a menudo estabas visiblemente angustiado en las entrevistas? Recuerda cómo evitabas el verbo "sentir" por su larga asociación con el individualismo expresivo (ver Taylor, 2007, pp. 473-504): lo sustituías por sustantivos como "expresiones", "sentimientos", o verbos como "experimentar". Pues Galeano nos da una explicación en su "Celebración de las bodas de la razón y el corazón":

> ¿Para qué escribe uno si no es para juntar sus pedazos? Desde que entramos en la escuela o la iglesia, la educación nos descuartiza: nos enseña a divorciar al alma del cuerpo y la razón del corazón. Sabios doctores de Ética y Moral han de ser los pescadores de la costa colombiana, que

inventaron la palabra *sentipensante* para definir el lenguaje que dice la verdad. (1992, p. 121).

Debemos seguir estas pistas, ¿no crees?

IMPROVISACIÓN

Michael, nunca te importó ver tu genialidad, pero me gustaría considerar tu genialidad para improvisar. En tu brillante y respetuosa conversación con Salvador Minuchin en la Conferencia sobre la Evolución de la Psicoterapia en 2005, Sal amablemente insistió en que en tu práctica había mucho más que en las ideas de donde la sustentabas. Al principio lo aceptaste. Introdujiste la metáfora de la improvisación del jazz pero situándola en el arte de los músicos. Insistías en que eso era lo primero. ¿Podemos tomar esta metáfora en serio? Y si es así, ¿no vamos a tener que considerar las pedagogías relevantes de la improvisación, una vez que una persona domina su oficio? ¿Por qué no leemos juntos a Sudnow (2001), *Ways of the Hand: A Rewritten Account*? Es una auto-etnografía en la cual Sudnow describe minuciosamente cómo se vuelve jazzista. Y luego podríamos hablar con nuestros amigos que están involucrados en la terapia narrativa y el jazz.

Maps of Narrative Practice no tiene ninguna referencia a la improvisación, pero estoy de acuerdo de todo corazón con lo que dijiste: todos debemos aprender a tocar primero y sólo entonces podemos improvisar. Siempre consideré que improvisabas en un marco estructurado de intención. Y *Maps* ofrece tal pluralidad de extraordinarios marcos de intención. Sin este libro que leer junto con *Maps*, ¿alguna vez te preocupó que los "mapas" se pudieran tornar "manuales" de la variedad de reglas y regulaciones en las que se podría desvanecer el espíritu de este trabajo?

RENOVACIÓN

Hay buenas noticias. Sé que te va a encantar saber que el libro de Stephen Madigan se publicará en cualquier momento (Madigan, 2011). Él también tiene múltiples grabaciones en audio de las conversaciones que sostuvieron desde principios de los noventa. En los primeros capítulos, ofrece una historia de las ideas, de la procedencia intelectual de la terapia narrativa. Tú también mencionas estas referencias en tu entrevista póstuma "Mantener la fe" (Duvall y Young, 2009) y me reconforta que esta historia se haya grabado. Recordar esos años me hace pensar en todo lo que leímos de ciencias sociales durante aquellos tiempos intelectualmente tumultuosos.

En verdad quiero reflexionar sobre el peligro de que la terapia narrativa caduque teóricamente. Qué quiero decir con esto. Sin duda Foucault fue el comentarista más perspicaz del periodo que va de la segunda Guerra Mundial hasta los ochenta. Pero el mundo ha cambiado tanto en los últimos treinta años, ¿verdad? Tony Judt escribe:

Algo está profundamente errado en nuestro modo de vivir hoy. Durante treinta años, la búsqueda de un interés material personal se volvió una virtud: de hecho, esta búsqueda constituye ahora lo que queda de nuestro propósito colectivo. Sabemos lo que cuestan las cosas, pero no tenemos idea de lo que valen. Ya no preguntamos, cuando se trata de sentencias judiciales o de actos legislativos: ¿Está bien? ¿Es justo? ¿Ayudará a crear una mejor sociedad o un mundo mejor? Estas preguntas eran preguntas políticas, aunque no tuvieran respuestas fáciles. Debemos aprender a hacerlas de nuevo. (2010a, p. 17; ver también Judt, 2010b).

¿No crees que quienes estamos en la terapia narrativa necesitamos renovar nuestra lectura de la antropología, de los estudios culturales, de la sociología, de los estudios sobre las mujeres, etcétera, para actualizarnos respecto al mundo donde vivimos? Esto siempre ha sido el alma de la terapia narrativa. Los años ochenta fueron muy divertidos para mí. Era un gorrión atolondrado picoteando semillas de ideas. Mantenía tu compañía de topo mientras hurgabas en el mundo de las ideas, escarbando tus propios túneles, hasta que algunos años más tarde, estas ideas se volvieron nítidamente tuyas. Del mismo modo, marinaste tu práctica preexistente hasta que fue claramente tuya. Recuerdo un día en la biblioteca de la Universidad de Auckland haber leído el artículo de Kevin Murray, "La vida como ficción", que fue una revelación para mí. Desde luego su bibliografía nos llevó inexorablemente a Bruner y a otros (Murray, 1985; ver también Epston, White, y Murray, 1992/1998).

Espero buenas noticias. Es demasiado pronto para decirlo. En estos temas, el tiempo lo dirá. Pero encontré un capítulo titulado *"Stories Told and Lives Lived: An Overture"* de un libro de Zygmunt Bauman (2001) y, a pesar de mi edad, me emocioné de manera muy similar a cuando leí el artículo de Murray, en 1985. He estado leyendo a Bauman (2000), a Sennett (2000), a Ulrich Beck (1992), y más recientemente a Giddens (1992), y sus "políticas de la vida". Estos académicos intentan capturar, en la teoría y en la vida, los efectos del nuevo capitalismo que emergió de la mano de la globalización. Todavía no sé adónde nos lleve todo esto, pero si no ocurre nada más, asegurará que la terapia narrativa no corra la misma suerte que otras terapias que emergieron en un lugar específico y en respuesta a su época. No hay nada más triste que una escuela de terapia cuya teoría ya no es pertinente con las circunstancias que se vivan. Y para rematar, ayer tuve una de esas experiencias misteriosas que me encantan. Encontré un capítulo que John McLeod escribió recién (2004) y que dice lo siguiente: "La terapia narrativa crea los medios para analizar los problemas sociales que destacan sociólogos como Bauman (2004) y Giddens (1991), y para usar estas ideas provechosamente en un espacio terapéutico" (p. 244).

¿Cómo lo supo? Aquí va una cita de Bauman para ir abriendo el apetito:

> La articulación es una actividad en la que todos nosotros, nos guste o no, estamos continuamente involucrados; sin ella, ninguna experiencia se convertiría en un relato. El momento de mayores desafíos es cuando la articulación se pone en juego para narrar "una vida entera". Entonces lo que está en juego es librarnos (o no, según el caso) de la increíble responsabilidad que cargamos —y que cargamos a solas— por la irresistible "individualización". En nuestra "sociedad de individuos", se grita que todos los líos en los cuales uno se puede meter provienen de los desafortunados fracasos de quienes cayeron en ellos. Para lo bueno y lo malo que llena su vida sólo puede uno culparse o agradecerse a uno mismo. Y la manera de narrar la "historia de una vida entera" eleva este supuesto al rango de axioma. (2001, p. 9).

Estuve de acuerdo en mantenerme dentro del límite de cinco mil palabras en esta introducción, y creo que ya me excedí. ¿Sabes? la botella de whisky Glenfiddich que me heredaste tiene lo suficiente para dos vasos más, uno para ti y otro para mí. Pero me habría gustado que estuvieras aquí para beber conmigo.

NOTAS

1. Ver antecedente en Epston, 1991/1998.

2. Octava Conferencia Internacional de Terapia Narrativa y Trabajo Comunitario, Kristiansand, Noruega, 20-22 de junio de 2007.

3. "Quiero hablar aquí del 'imaginario social', más que de la teoría social, porque existen importantes diferencias entre ambos [...] Hablo de 'imaginario' porque: (i) hablo de cómo la gente común se 'imagina' su entorno social, y cómo, a menudo, esto no se expresa en términos teóricos sino que carga imágenes, historias, leyendas, etcétera. Pero también pasa que (ii) la teoría con frecuencia está en manos de una pequeña minoría, cuando lo interesante del imaginario social es que lo compartan grandes grupos de personas, si no es que la sociedad entera. Esto nos lleva a la tercera diferencia: (iii) el imaginario social es ese entendimiento común que permite prácticas comunes, y un sentido de legitimidad ampliamente compartido" (Taylor, 2007, p. 171).

4. El primer documento publicado fue White, 1984, reimpreso en White, 1989b.

5. Comparar las preguntas de Michael acerca de la 'experiencia de la experiencia' en White, 1989c.

6. Michael presentó este taller en Adelaida, en la segunda *Australian Family Therapy Conference*, en 1981; ver White, 1989a.

7. Uno de los mejores relatos que haya leído sobre el espíritu de estos tiempos en la terapia familiar es el de Fraenkel, 2005.

8. "Aceptar sin regresar más es encarar la subordinación, es volverse un cliente y ser servil (...) mientras que recibir algo es recibir una parte de la esencia espiritual de alguien. Quedarse con esto es peligroso, no sólo porque es ilícito, sino porque viene moral, física y espiritualmente de alguien. Lo que se da no es inerte. Está vivo y a menudo personificado, y lucha por darle a su clan original y tierra natal algún equivalente para que lo sustituya" (Mauss, 1954, pp. 76-77).

9. En una correspondencia privada, el primero de mayo de 2010, Hilde Nelson escribió: "Decir que algunas personas son dignas de respeto es decir que poseen el más enorme valor, uno que no es útil para lograr las metas o deseos de alguien más, sino simplemente porque esas personas viven una vida humana. Esas personas importan. Tienen dignidad y por eso les debemos el respeto".

10. marcela polanco escribe: "La palabra sabiduría se traduce en inglés como *wisdom* o *knowledgeablity*. La sabiduría se entiende como una virtud humana que se desarrolla a través de la experiencia práctica —por este motivo, se considera a menudo que las personas mayores tienen gran sabiduría— y mediante los consejos o ejemplos de otras. Implícito en el significado de sabiduría hay un sentido de moral, que lleva a la persona sabia a tomar decisiones basadas en una noción de justicia. Sin embargo, el origen de la palabra sabiduría no se conecta directamente con la noción de tener conocimiento de algo, sino con saborearlo, probarlo y disfrutarlo. Este origen podría entonces dar lugar a otra traducción de sabiduría al inglés como *knowledge savouring* (saborear el conocimiento)" (m. polanco, comunicación personal, 6 de junio de 2010).

PRIMERA PARTE

*Consideraciones terapéuticas
generales*

CAPÍTULO I

Traer el mundo a la terapia y subvertir las operaciones del poder moderno

Muchos propósitos han configurado mis exploraciones de las prácticas terapéuticas durante varios años, pero dos han sido muy importantes para mi compromiso con la metáfora narrativa. El primero tiene que ver con el empeño que he puesto en desarrollar prácticas que descentren nuestras voces como terapeutas. Estas prácticas tienen por efecto traer al centro de la aventura terapéutica algunos de los "saberes" y habilidades de vida que tiene la gente que nos consulta. Estos saberes y habilidades no se distinguen muy bien al principio de los encuentros. Las prácticas terapéuticas a las que me refiero aquí, contribuyen entre otras cosas, a enriquecer las descripciones de los saberes y habilidades generados en las historias de vida de las personas, mostrando su importancia, y enfatizando la pertinencia que tienen para sus esfuerzos por responder a los problemas y dilemas que las llevan a buscar ayuda.

Además, mi compromiso con la metáfora narrativa vino de mi decisión de buscar prácticas que no sean normativas. Me refiero a las prácticas que no refuerzan ni reproducen las formas de vida valoradas por la cultura dominante sin cuestionarlas —esas formas de ser en el mundo, consideradas "reales", "apropiadas", "sanas" y demás. Creo que la metáfora narrativa abre un terreno muy fértil para este proyecto, infinito.

Al comprometerme con la metáfora narrativa, he tenido mucho cuidado en recalcar, en mis escritos, talleres y conferencias, que mis exploraciones se inscriben en una tradición de pensamiento que está dando forma a la investigación, a través de diversas disciplinas —que van de la antropología cultural a la teoría literaria, de la etnometodología a los estudios del discurso. Soy consciente de que no soy el único en involucrarme con la metáfora narrativa; también la han adoptado psicoanalistas a la hora de reinterpretar el mismo psicoanálisis; psicólogos y psicólogas, para desarrollar psicologías nutridas por el postestructuralismo; y demás intelectuales que se sitúan en el vasto campo de la terapia familiar.

Aun así, los análisis narrativos de lo que sucede en la vida no son exclusivos de las disciplinas profesionales. Parecen ser una herramienta cultural primordial —pero no la única— para crear significado, una herramienta que la gente usa, de modo rutinario, en su vida cotidiana. El involucramiento de la gente con esta herramienta emerge sobre todo cuando se esfuerza por entender y conciliar lo que encuentra problemático o inquietante en su vida. Estos esfuerzos son más notorios cuando las personas buscan ser escuchadas, cuando piden consejo en sus redes familiares, de amistades y personas conocidas, o cuando consultan a terapeutas sobre sus problemas y dificultades.

Por ejemplo, en las consultas la gente suele compartir sus formas de entender los acontecimientos específicos de su vida y de la vida de sus seres cercanos: son relatos que despliegan los eventos ocurridos, dentro de su mundo, en su historia reciente y a veces su historia más remota. Al relatar, las personas suelen identificar varios temas que asocian con estos acontecimientos. Estos temas a menudo representan tragedia, pérdida, frustración, fracaso y desesperanza. Además de estos entendimientos narrativos, las personas también nos comparten sus reflexiones acerca de estos eventos y temas, y sus reflexiones suelen aparecer como conclusiones negativas de identidad. Por ejemplo: "Lo que hizo nos demuestra que él está empeñado en destruir a la familia" (atribución de un motivo); "Esto muestra lo inadecuado que soy" (atribución de una característica personal); "Esto te da una idea de lo patético que soy" (atribución de un rasgo); "Esto muestra qué tan necesitado soy" (atribución de un trastorno), etcétera.

Estos relatos de los eventos de las vidas de las personas, los temas que les son asociados y las conclusiones de identidad que acompañan estos relatos, por lo general asumen la forma de narraciones saturadas del problema. Es frecuente, además, que la gente represente estos relatos como la historia dominante en sus vidas.

Muchas prácticas —pero no todas— en lo que se suele llamar terapia narrativa, nos permiten unirnos con la gente para "desentrañar" algunas de las historias dominantes, las historias de vida saturadas del problema. Así, logramos deconstruir muchas de las conclusiones negativas asociadas con estas historias, logramos que las personas accedan a otros posibles relatos identitarios y a nuevas opciones para actuar en el mundo. Este tipo de prácticas terapéuticas también nos brinda la oportunidad de unirnos con la gente en el análisis narrativo de algunos de los eventos de vida que no caben en las historias dominantes. Son acontecimientos que se suelen dejar de lado, que no se suelen considerar; no hay un reconocimiento a conciencia de su posible significado. En nuestro campo, hablamos a menudo de conversaciones de "re-autoría" para referirnos a esos análisis narrativos. En las conversaciones de re-autoría, invitamos a las personas a dar significado a algunos de estos eventos que no se habían tomado en cuenta en un primer momento, y las alentamos a tejerlos con otros en una secuencia que poco a poco se desenvuelve a través del tiempo, siguiendo temáticas alternas, o siguiendo argumentos que contradicen estos relatos, lo que podríamos llamar las "contra-tramas" de sus vidas. En este proceso, invitamos a la gente a reflexionar sobre los eventos de las contra-tramas y es una nueva oportunidad para que hagan descripciones que contradigan las conclusiones negativas de identidad asociadas con las historias dominantes en sus vidas.

Existen varias formas de entender cómo conducen al cambio estas conversaciones. Existe el entendimiento de que contribuyen a hacer más evidente que las vidas de las personas están configuradas por multiplicidad de historias, es decir, cuentan con más recursos narrativos. Esto brinda a las personas más alternativas para crear significados y nuevas posibilidades de acción en su vida. Existe el entendimiento de que las nuevas conclusiones de identidad que nacen de estas conversaciones abrazan la vida de las personas, permitiendo responder de forma completamente diferente a los eventos de sus vidas. Otros entendimientos apuntan a los efectos constitutivos (porque modelan la vida de una persona) de las conversaciones de re-autoría en la terapia narrativa. Estos entendimientos llaman la atención sobre el hecho de que, en estas conversaciones, la gente se involucra en una representación de su vida que la transporta de modo significativo. *Transportar* en el sentido en que tal representación es una actividad mediante la cual las personas devienen otras, de las que eran al llegar al encuentro.

Aunque admire profundamente la metáfora narrativa —espero que siga siendo un elemento que forme mis exploraciones en mi práctica terapéutica—, esta metáfora nunca puede incorporar todas las consideraciones expresadas en nuestras exploraciones. Por ejemplo, no nos permite considerar las numerosas estructuras y prácticas culturales que, si bien pueden estar asociadas con ciertas narrativas, no se pueden reducir al análisis narrativo y éste no puede dar cuenta de ese todo por sí mismo.

Respecto a esas estructuras y prácticas, siempre he procurado abordar los diversos contextos de vida y entender las formas específicas en que estos contextos configuran la existencia. Esto ha contribuido a que me enfoque en el contexto familiar (familias de origen y procreación, de elección o imposición), en las instituciones sociales (incluidas las escuelas y lugares de trabajo), en las condiciones de vida materiales y sociales (incluyendo las desigualdades económicas y el orden social injusto), en las relaciones de poder de la cultura local (incluyendo género, raza, clase, heterosexismo), y en lo que se suele entender como formaciones discursivas (incluidos los sistemas modernos para aprehender la vida y la identidad, las maneras habituales para hablar de la vida y la identidad, las micro-prácticas de vida e identidad que conllevan las reglas que determinan lo que cuenta como saber, las que determinan quién puede hablar y bajo qué circunstancias, etcétera).

A pesar de la importancia que en mis escritos y en mis clases siempre he dado a las consideraciones del contexto, en lo que atañe a la vida y al desarrollo de la práctica, a menudo escucho o leo relatos bastante limitados de lo que propongo al respecto. Irónicamente, estos relatos reducen lo que se hace en nombre de la terapia narrativa. Hay quienes han llegado a la conclusión de que "planteé que la vida no es sino un texto", que "reduje la realidad al lenguaje", que "amalgamé la narrativa con el discurso" (hasta reducirla al discurso), que "propuse un relativismo moral donde todo vale", que soy "un antirrealista", que "reproduje el individualismo y el aislacionismo de la cultura occidental contemporánea al situar los problemas en estructuras individuales de significado", y demás.

Creo que algunas de estas conclusiones acerca de las prácticas que propongo vienen del hecho de que se suele identificar el cuerpo de estas prácticas como una "terapia narrativa". Es un riesgo constante y tal vez debamos desechar el concepto de "terapia narrativa" y sustituirlo por otros que insistan en las prácticas que abarquen la complejidad de los contextos de vida de la gente que nos consulta. Pero la metáfora narrativa seguirá siendo esencial para mí, pues la gente se relaciona con la cultura por medio de historias. Las historias de vida e identidad no se construyen desde la nada. No son fenómenos que existan por sí solos, aislados de los discursos culturales. Más bien, las historias de vida e identidad son configuradas por los discursos de la cultura, y a su vez son las portadoras de estos discursos. Esa apreciación de la narrativa como vehículo cultural es la que enfatizo en numerosas exploraciones de la práctica, sobre la cual he escrito y hablado en varios espacios de enseñanza.

Esta forma de entender la narrativa como vehículo cultural se revela en las conversaciones terapéuticas que desentrañan las historias de vida e identidad. Desentrañarlas no sólo ayuda a deconstruir las conclusiones de identidad negativas asociadas con estas historias, sino que visibiliza las formas de vivir y pensar que cargan estas narraciones, las formas históricas y culturales de ser en el mundo y de pensar el mundo que portan estas historias. Estas prácticas traen el mundo a la terapia en el sentido en que muchos entendimientos sobre la vida y los modos de vivirla, rutinarios y no cuestionados, se vuelven visibles como productos culturales e históricos, y dejan de aceptarse como certezas acerca de la vida, o verdades de la naturaleza humana y la identidad.

También logramos entender la narrativa como un vehículo cultural gracias a los análisis narrativos que solemos llamar conversaciones de re-autoría. En estas conversaciones, la gente no construye historias de vida o identidad desde la nada, sino que las historias que derivan de estos contextos son parte de los discursos culturales, y albergan formas culturales e históricas de ser en el mundo y de pensar el mundo. Por ello, las conversaciones de re-autoría no sólo sirven para dibujar historias alternas de vida, sino para darle a la gente la oportunidad de participar en la rica descripción de algunas habilidades de vida y saberes acerca de la vida asociados con las historias alternas de su vida y su identidad. En la terapia narrativa solemos asumir que el evento extraordinario (o la excepción) brinda un pasaje o un punto de entrada a las historias alternas de vida. También asumimos que las historias alternas son el camino o punto de entrada para explorar otros saberes de vida y otras habilidades de vivir o prácticas de vida, culturales e históricas. En este sentido, no sólo se logra traer el mundo a la terapia mediante las conversaciones de deconstrucción. Las conversaciones de re-autoría también logran esto.

Cuando insistimos en entender la narrativa como vehículo cultural, y cuando insistimos en la importancia de desentrañar, en las conversaciones terapéuticas, los saberes de vida y las habilidades o prácticas de vida que se relacionan con las historias de la gente acerca de la vida y acerca de su identidad, logramos poner en primer plano consideraciones sobre la relación particularmente íntima que mantienen el conocimiento y el poder. Esta relación íntima es el sello distintivo del sistema de poder moderno, el principal mecanismo de control social en la cultura occidental contemporánea. Cuando hablo de una relación íntima entre conocimiento y poder, no quiero abundar en el sonado refrán: "El conocimiento es poder", sino seguir la perspectiva foucaultiana de la dependencia mutua de los conocimientos acerca de la vida y la identidad, producto de más de 300 años de disciplinas de la ciencia humana por un lado, y por otro, de las prácticas del poder que posibilitan el uso de estos conocimientos para constituir o fabricar identidades modernas. Las normas contemporáneas de vida se construyeron mediante el desarrollo de estos conocimientos de vida e identidad, y las prácticas de poder proveyeron la tecnología para disciplinar la vida moderna, al servicio de reproducir estas normas. Estos conocimientos y prácticas confluyen en el juicio normalizador de las vidas de las personas. Un análisis del poder moderno y de las formas en que operan los juicios normalizadores es imprescindible para aprehender muchas dimensiones de la práctica terapéutica, como lo muestran las tres historias que siguen.

DIANNE

A Dianne la trajeron sus papás, Joe y Ellen, desesperados por la situación de vida de su hija. Me dijeron que en los últimos 18 meses, Dianne había ingresado varias veces al hospital. Dos veces porque mostró actitudes de suicidio, las otras porque se preocupaban por su seguridad en general. En el hospital, Dianne fue atendida por depresión. Aunque Dianne cooperaba tomándose los medicamentos que le recetaron, Joe y Ellen me dijeron que estaban preocupados porque no veían avances, o algo que contribuyera a amainar sus preocupaciones por las dificultades de Dianne. Una de sus preocupaciones era no saber cómo ayudarla. Me decían que, a pesar de las hospitalizaciones y los medicamentos, Dianne seguía retraída, inexpresiva, desinteresada y ausente, la mayoría del tiempo. En respuesta, se preocupaban aún más por ella, y ahora indagaban opciones para ver qué más podían hacer. Ellen lloraba, y Joe intentaba apaciguarla.

Dianne no parecía darse cuenta, se le veía lejana, en algún lugar de ella misma.

Empecé por preguntarle si compartía estas preocupaciones en torno a su vida y, de ser el caso, que las definiera. Sus mínimas respuestas me dijeron muy poco de forma directa y, de otras maneras, me decían mucho. Eran mecánicas y defensivas. Su rostro permaneció rígido durante la primera parte de nuestra entrevista. Tuve la sensación de que Dianne conformaba sus respuestas para no revelar nada, y así mantenerme a distancia. Como no lograba contactar con Dianne, decidí reflexionar en ello y preguntarle a Joe y Ellen si tenían alguna idea que pudiera ayudar. Me dijeron que no creían poder hacer nada, y que en mi experiencia con las respuestas de Dianne, apenas me asomaba un poco a lo que les tocaba lidiar en sus esfuerzos por llegar a algún lugar con su hija. Ella no parecía confiar en ninguno de los esfuerzos que hacíamos por alcanzarla. (No sabía muy bien qué seguía. Intenté abrir la boca con la esperanza de escucharme decir algo juicioso, pero fue en vano. En ese momento me descubrí deseando que hubiera habido un terapeuta en el cuarto).

Una vez más me dirigí a Dianne. Furtivamente evitó mi mirada. De repente se me ocurrió algo y me pregunté por qué me tardé tanto en pensarlo. Le dije a Dianne que me imaginaba que algo le dificultaba estar presente en la reunión y unirse a nosotros para discutir su vida (me habría gustado pensar que soy bueno atando cabos, que capto rápido, pero no era el caso). Le pregunté si era cierto que se le hacía difícil estar presente. No hubo respuesta. Le dije: "Bueno, me imagino que algo te dice que no confíes en mí, lo que es bastante probable, puesto que nos acabamos de conocer y todavía no tienes una buena manera de medirme". No parpadeó. "Y" le dije, "me imagino que has pasado por tantas cosas que debe ser difícil suponer que alguien te pueda entender". En respuesta a mi especulación, sentí que Dianne se callaba más todavía. Quizá, incluso, estuviera aguantando un poco la respiración. Esto me dio ánimo para seguir. Y le dije: "Me imagino que sea lo que sea que te esté diciendo que no confíes en mí, esto no quiere siquiera que me escuches o me concedas el beneficio de la duda". Apareció un destello de expresión en el rostro de Dianne. "Bueno, si es así, te voy a decir que estoy acostumbrado a este tipo de tácticas". Noté una mínima interacción con Dianne. Le hice la pregunta: "¿Podría ser que eso que te está empujando a que no confíes en mí también me esté insultando?". Detecté sorpresa en Dianne. "¿Sabes que seguido me pasa y ya estoy acostumbrado?". Dianne evitó furtivamente mi mirada, lo que tuvo el efecto de animarme a proseguir. "Sí, de verdad", le dije, "no tienes idea de hasta dónde puede llegar, ni los insultos que han usado en mi contra, para impedir que una persona me cuente lo que le pasa. Creo que mucho tiene que ver con los celos, o algo así. Pero te aseguro que estoy acostumbrado, y no quiero que te avergüences por esta situación".

Eché un vistazo a Ellen y Joe y miré que no sabían muy bien cómo interpretar mis aseveraciones. Pero parecían estar interesados en la respuesta que detectaron en su hija. Regresé con Dianne y le dije: "¿Puedes creer que me gusta coleccionar los insultos que me dicen? Tengo listas enteras. Algunas personas coleccionan estampillas, y yo tengo una colección de apodos e insultos. Es para mí como una colección de estampillas porque son apodos que me pegan". Dianne me sonrió con una mueca. Entonces le dije: "Me gustaría ir por mi lista más actualizada y leértela. Si te la leo, ¿me escucharías? Porque quisiera saber si hay algo más que hayas escuchado de mí, otros insultos que no estén en la lista, y que pudiera agregar". Repitió su mueca.

"Cualquier propuesta es bienvenida. Créeme, todo sirve". Empecé a leer la lista. Dianne me respondió que ya tenía la mayoría de los insultos que conocía, y después parecía feliz de compartirme dos nombres que agregué. Estos especímenes eran particularmente mezquinos. Le dije que estaba seguro que habrían podido hacerlo mucho mejor, pero que, no obstante, me alegraba tener la oportunidad de aumentar mi colección, y de pronto, todo mundo en el consultorio se sintió aliviado.

Este hueco fue un momento crucial, de viraje, en nuestra conversación. Dianne empezó a revelar hasta qué punto la tiranizaban poderosos y ensordecedores pensamientos que le costaba mucho trabajo resistir. Según ella, estos pensamientos se instalaron a modo de autoridad en las motivaciones de otras personas, y ya no sabía en quién podía confiar. Estos pensamientos constantemente denigraban cualquier cosa que dijera o hiciera y la obligaban a comparar todos sus pensamientos y actos con los pensamientos y actos que tendría y haría si fuera una persona individual "real" —integrada adecuadamente, una persona con sustancia— competente, confiada e independiente. Me di cuenta que en respuesta a esta perpetua experiencia de evaluación negativa, Dianne siempre redoblaba esfuerzos para ser esa persona real. Pero parecía que nunca lo lograba, y sentía que nunca sería capaz de estar a la altura. Comenzó a creer que por siempre sería una persona inadecuada —un extraordinario fracaso como persona.

A medida que avanzó nuestra conversación, encontré más oportunidades para ahondar con Dianne en el funcionamiento de estos poderosos y ensordecedores pensamientos. Le hice preguntas para animarla a reflexionar:

1. Sobre la naturaleza de este funcionamiento (hablamos, por ejemplo, de las tácticas de poder y control que se expresan en estos pensamientos y de los mecanismos usados para evaluarla).
2. Sobre lo que podría motivar estos pensamientos y la expectativa que subyace (hablamos de la relación entre esto y su exigencia de estar a la altura y de cumplir con un programa de vida establecido).
3. Sobre los aspectos que nos brindarían un recuento más específico de la identidad de estos pensamientos (hablamos, por ejemplo, de los propósitos que tendrían en la vida de Dianne, de lo que podrían éstos haber soñado para su futuro, de las actitudes que suelen expresar estos pensamientos frente a sus esfuerzos continuos por vivir una vida propia, de lo que cargan respecto a lo que ella hace en realidad, y del programa que tienen planeado para nuestro encuentro).

Estas exploraciones desentrañaron, deconstruyeron, los poderosos pensamientos ensordecedores que abrumaban a Dianne. Al desentrañarlos, alcanzamos a entender más las peculiaridades de la naturaleza de estos pensamientos. Lo que era intangible en un principio comenzó a materializarse. Lo que Dianne había experimentado como fenómeno total, parecía ahora tener límites y fronteras. Se estaba visibilizando la naturaleza parcial de lo que en un principio pareció hablar por la totalidad de la existencia de Dianne.

Esta exploración preparó el terreno para identificar varios aspectos de la vida de Dianne que parecían estar al margen de la esfera de influencia de estos poderosos y ensordecedores pensamientos. Estos aspectos incluían acciones que no podrían ser identificadas como de un juicio hacia uno mismo, que no podrían leerse como actos de comparación entre lo que uno es y lo que debería ser. Estos aspectos incluían expresiones que no podrían haberlas configurado las motivaciones y expectativas asociadas con el funcionamiento de los poderosos y ensordecedores pensamientos. Estos aspectos incluían expresiones de vida que no reproducían las metas, sueños, y actitudes particulares de estos pensamientos, sino otras metas, sueños, esperanzas y actitudes.

Ahora teníamos varias opciones para seguir con nuestra conversación terapéutica. Estaba la opción de conversar para determinar cómo se había negado Dianne, de algún modo, a lo que estas operaciones del poder le requerían en términos de autoevaluación y comparación: los conocimientos y habilidades de vida expresados en ese rechazo, las formas alternas de relacionarse con su vida y con el mundo que se hacían evidentes en este rechazo. Eran formas que no medían, que no reproducían esto de ser una persona "integrada" —el autocontrol, la eficiencia, la confianza en sí misma y la autenticidad. Buscamos también la opción de tener una conversación que identificara los propósitos, sueños, esperanzas y actitudes alternos que eran evidentes en su rechazo a estas operaciones del poder y que trazaban la historia de estas operaciones, de modo que contribuyeran a enriquecer su descripción y que las vincularan con los propósitos, sueños, esperanzas y actitudes de otras personas que habían sido significativas para Dianne a lo largo de la historia de su vida. Ellen y Joe contribuyeron mucho a esta conversación. Por ejemplo, Joe nos alcanzó para trazar la historia de las otras metas, sueños, esperanzas y actitudes evocando a su tía, cuya vida siempre le había fascinado: siempre había ido a contracorriente a pesar de las presiones que se ejercían sobre ella para que viviera de forma más tradicional. Retomamos estas opciones y otras en conversaciones posteriores y permitieron que Dianne llegara a un punto de inflexión en su vida.

JENNY Y PAULINE

Me reuní con Jenny y Pauline. Pauline me brindó algún contexto de lo que las llevó a hacer una cita conmigo, y me puso al día sobre los asuntos que querían tratar en la reunión. En el proceso de su relato, Pauline habló de su relación amorosa, que mantenían ella y Jenny, y que al momento llevaba siete años de historia. Jenny se unió a Pauline para narrar lo que esta relación había significado para ambas. Hice algunas preguntas que me permitieron apreciar en mayor profundidad algunas de las cualidades especiales de la relación y en qué había contribuido a sus vidas, y al sentido de lo que eran, a su sentido de identidad.

Me enteré que Pauline llamó para hacer la cita, con la aprobación de Jenny. Pauline me dijo que, aunque sabía que la relación les había brindado muchos regalos a la vida de ambas, había sido una constante fuente de preocupación para ella el que Jenny la pasara tan mal con tantas cosas, y que a menudo llegara a un estado de desesperación, difícil de desactivar, y que las podía paralizar bastante a las dos. Esto lo corroboró Jenny. Y me dijo que Pauline había sido maravillosa, que había hecho muchos esfuerzos por apoyarla y por hacerla sentir mejor en esos momentos. Tras un episodio que dejó a Pauline todavía más frustrada por su sensación de no lograr ayudar a Jenny, le propuso hacer una cita conmigo para explorar otras opciones para abordar esta experiencia. Jenny respondió positivamente a esta idea.

Le pregunté a Jenny si tenía un término para nombrar su experiencia. Dijo que el término "falta de confianza en sí misma" era bastante apropiado. Nombrar las cosas nos abrió la posibilidad de explorar las particularidades de la experiencia de Jenny: descubrimos que la falta de confianza hacía que Jenny fuera muy exigente con ella misma, lo que minaba su confianza, la privaba de su sentido de bienestar e interfería en su relación con Pauline y con otras personas que eran especialmente significativas para ella.

Esta exploración me sirvió para preguntarles si entendían el contexto de esa falta de confianza: "Si pensamos en la naturaleza de esta falta de confianza, ¿sienten que hay fuerzas particulares ligadas con ésta? ¿Fuerzas que la configuren y le den peso?". En respuesta a esta pregunta y a otras del mismo tipo, Jenny y Pauline plantearon cuestiones relacionadas con la identidad sexual y la homofobia, con la estructura de la dominación heterosexual y las relaciones de poder que dicta. Jenny abundó también en algunas experiencias de la infancia en su familia de origen.

Al revisar las fuerzas que pudieran estar ligadas a la falta de confianza, me dijeron que aunque entender estas fuerzas había sido esencial para enfrentar el rango amplio de sus experiencias como mujeres lesbianas en una relación, y aunque tenían una aguda conciencia de hasta qué punto estas fuerzas seguían siendo parte omnipresente en su vida, sentían que debían seguir buscando —más allá de la homofobia y de las relaciones de poder que dicta la dominación heterosexual, y más allá de la identificación y del trabajo en torno a las dinámicas familiares (que por cierto las tenían extenuadas, trabajar en estas cosas siempre cansa). Pauline y Jenny me dijeron que no querían perder la oportunidad de destapar algunas piedras, pues ellas lo veían como una oportunidad de mirar más allá. También se tomaron el tiempo para asegurarme que habían desarrollado fuertes antídotos contra las fuerzas de la homofobia y de la dominación heterosexual. Habían participado en la creación de una comunidad fuerte y amorosa de mujeres que se apoyaban unas a otras de mil maneras para contrarrestar los efectos de esas fuerzas en sus vidas respectivas.

Para responder a su propuesta de mirar hacia otros lugares, les pregunté si estaban de acuerdo en que preguntara más acerca de los efectos de la falta de confianza en la vida de Jenny y en su relación. "Es aceptable", me dijeron. Así que empecé:

- ¿Qué te dice la falta de confianza de la persona que eres?
- ¿Cómo configura tu mirada hacia ti misma como persona?
- ¿Cuáles son sus principales efectos en tu vida y en tus relaciones?
- ¿Me podrías poner al corriente de cómo te hacen abordar tu propia vida algunas de las particularidades de la falta de confianza?

Me percaté de que la falta de confianza llevaba a Jenny a la idea de que era inadecuada como persona en uno u otro ámbito. Que no era suficientemente "eso" o "suficientemente aquello" (ni suficientemente independiente, ni original; ya saben, estaba en el extremo equivocado de los continuos y estándares de vida, en los extremos "enredosos" y "entreverados", en el "límite borroso" de las cosas. Pensaba de sí misma que era un fraude, y que no lograba ser una persona auténtica). En resumidas cuentas, habló de una vida arruinada por un cúmulo de errores y omisiones de su parte. En respuesta a estas conclusiones, Jenny se empeñaba todavía más en ser una persona adecuada e integrada, en hacer un viraje en su vida, hacia los extremos favoritos de estos continuos, con tal de volverse una persona auténtica, con tal de llegar a un lugar donde ser ella implicara ser la persona que podría ser. Describía sus esfuerzos en términos de un "arduo trabajo". Al enterarme de los detalles de estas "gimnasias", me pareció que "arduo trabajo" era una de esas expresiones que llegarían a ser uno de los eufemismos cruciales en la moda de la década.

Ya tenía yo un listado de las fallas y omisiones por las que Jenny la pasaba tan mal, y sentí que podía entender bastante bien sus conclusiones y las consecuencias de estas conclusiones: el modo en que habían afectado su involucramiento con su vida y su relación con Pauline. A partir de este listado, pude discernir otras expresiones de la vida de Jenny que también pudieron tornarse fallas y omisiones, y que hacían que, en un mundo más ideal, la habrían hecho tener muchos más problemas. Hablamos de errores y omisiones con los que —en una vida perfecta— Jenny no podría sino generar conclusiones de identidad aún más negativas. De hecho, algunas de estas fallas y omisiones podrían confirmarle a Jenny su preocupación de haber fracasado como persona.

"¿Podríamos hablar de otras expresiones que pudieran haberse construido como fallas y omisiones significativas para tu vida?", pregunté.

Pauline contestó que estaría muy bien y Jenny dijo que no había que desperdiciar esta oportunidad.

"Bueno", dije, "¿me puedes ayudar a entender cómo, respondiendo a aquellos posibles errores y omisiones, has evitado encasillar otros aspectos de tu vida en un continuo de desarrollo personal o en un estándar de rendimiento? ¿Cómo lograste resistir? Y, si estas expresiones de tu vida no representan un fracaso, ¿entonces qué expresan?".

Jenny y Pauline se entusiasmaron mucho con la idea de emprender esta indagación. A fin de cuentas contribuyó a enriquecer su relato y a honrar su conocimiento y sus habilidades de sobrevivencia y las prácticas alternas de su yo que no intentaban evaluar. Nos permitió enriquecer y honrar las metas, valores y creencias específicas que contradecían los propósitos, valores y creencias incrustados en los conceptos normativos acerca de lo que significa ser una persona auténtica en la cultura occidental contemporánea. Así, Jenny logró apartarse de su falta de confianza.

DAMIEN

Fue la asesora responsable de la agencia donde trabajaba Damien quien lo refirió conmigo. Cuando lo contrataron, era un joven que prometía mucho como terapeuta. Sin embargo, 18 meses después, el personal de la agencia comenzó a preocuparse porque las cosas resultaron diferentes a lo previsto. Comenzaron a considerar a Damien como indeciso, falto de la seguridad y el aplomo que esperaban de él como asesor de la agencia, y como ejemplo para los voluntarios que contribuían bastante a los servicios que presta la agencia. La responsable pensó que sólo era una irregularidad momentánea, fácil de resolver, un desliz en el camino que lo desvió de una participación plena y confiada en los varios contextos de la vida de la agencia, asumiendo cierta autoridad. Pensó que una vez superado este desliz, Damien llegaría sin ninguna dificultad a lo que se esperaba de él en el trabajo.

Cuando me senté a hablar con Damien, me confirmó el diagnóstico de su desempeño. Dijo que no tenía idea de lo que lo había descarrilado. Recordó que al principio, cuando empezó a trabajar como terapeuta, se sintió algo inseguro, pero asumió que esta sensación se difuminaría pronto, cuando entendiera cómo funcionaban las cosas y las responsabilidades asociadas con su cargo. Pero no fue así. La inseguridad creció, y en ocasiones, casi sentía que la aprensión lo paralizaba. Esta parálisis le creaba grandes dificultades relacionadas con las responsabilidades que le habían confiado. Esto representaba un gran peso y había recorrido diversos caminos en su intento de resolver estas dificultades, incluido un taller de "asertividad". Desgraciadamente, esas iniciativas no sólo fueron en vano sino que sus resultados complicaron la situación: únicamente sirvieron para reforzar las dudas que tenía de sí mismo y hacerlo sentir peor.

A partir del relato de Damien sobre su experiencia en el trabajo, tuve la sensación de que sus incertidumbres y su aprensión respondían a ciertas preguntas que se hacía acerca de las prácticas de la agencia y de lo que le requerían en su práctica profesional. Pensé que sería bueno desentrañar esta aprensión para tener una idea más clara de lo que estábamos enfrentando. Entonces le pregunté si estaba de acuerdo con que le hiciera unas preguntas para entender mejor los diferentes aspectos de esta aprensión. Le expliqué mis intenciones. Le dije que aunque lograba entender un poco los efectos negativos de su aprensión, y podía darme perfecta cuenta de su anhelo de sentirse libre de tales efectos, era claro que quedaban muchos más rincones de su aprensión que sería bueno conocer. Me dio el visto bueno. Le pregunté: "Dime, ¿si no fuera por esta aprensión, serías más moderado o menos moderado en las conversaciones con las personas que te consultan?". En respuesta a esa pregunta, tuvimos una conversación en la que Damien decretó que la suficiencia y no la moderación, sería un rasgo de su modo de actuar si no fuera porque estaba presente una dosis de aprensión. Hablamos de las posibles ramificaciones de esta situación, lo que permitió que Damien narrara sus modos preferidos de estar con las personas, y que examinara lo que esto nos decía de su compromiso con reducir al mínimo el potencial dañino de las relaciones de poder.

Entonces, se abrió en nuestra conversación un espacio que me permitió hacer otra pregunta sobre su aprensión: "¿Si pudiéramos borrar esta aprensión, cómo afectaría a tu habilidad para reconocer y asumir los efectos de tus palabras y tus acciones en la vida de las personas que te consultan?". Damien respondió que esto podría cerrarle el paso a la posibilidad de asumir la responsabilidad por los efectos de lo que decía y hacía en nombre de la terapia. Esto nos condujo a conversar sobre la naturaleza de su compromiso con la ética y con la historia de esta ética en su vida personal.

Se me ocurrió otra pregunta: "¿Si tu práctica estuviera libre de aprensión, qué saberes pondrías en el centro de tus conversaciones con las personas que te consultan: los tuyos o los de estas personas?". Su respuesta fue inmediata: "Es más probable que mis saberes quedaran en el centro". Agregó que para él, sería un resultado muy poco satisfactorio, pues contribuiría a descalificar los saberes tan relevantes y significativos que las personas traen consigo al contexto de la terapia. Esto nos puso a identificar la postura de Damien acerca de las prácticas que a veces se entrometen en nombre de la terapia y cuyo efecto termina siendo la marginación de las personas que vienen en busca de ayuda.

Luego se me ocurrieron más preguntas: "¿Si no estuviera esa aprensión, estarías más o menos dispuesto a experimentar las contribuciones de las personas que te consultan, y el modo en que pudieran influir en tu propia vida?". Todas estas preguntas contribuyeron a desentrañar la aprensión de Damien y sirvieron para identificar los aspectos de la aprensión que teníamos que valorar, honrar y abrazar. Entonces, nuestra conversación se tornó una exploración de las posibilidades con que contaba Damien para expresar más abierta y explícitamente su posición en torno a las relaciones de poder en la terapia, la ética de la práctica, y los valores que cuestionaban esas prácticas marginantes de las personas en sus terapias, y en las responsabilidades adicionales implícitas en su trabajo.

Invitamos a Helen, la responsable, a acompañarnos en un tercer encuentro. En la primera parte de éste, le pedimos que sólo escuchara nuestra conversación. Damien enriqueció el relato de su postura sobre las relaciones de poder en la terapia, la ética, y las prácticas que marginan, y de algunos de los saberes y habilidades con las que él contaba para asumir estas posturas en su trabajo como terapeuta y en otras responsabilidades asociadas con su cargo en la agencia. Luego, vino el turno de Helen y ella abundó sobre lo que había escuchado de nuestra conversación. Helen volvió a contar con sus palabras lo que había escuchado —era un re-narración que reconocía fuertemente la postura de Damien, y enriqueció la descripción de algunos de los saberes y habilidades que él había identificado.

El resultado fue que valoramos mucho de lo que expresaba la aprensión de Damien, y Helen y Damien empezaron a revisar las prácticas terapéuticas y las prácticas de la agencia en general.

EL PODER MODERNO

Qué tienen esas historias en común. Creo que las dificultades de Dianne, de Jenny y Pauline, y de Damien eran claramente el resultado de lo que podríamos definir como tecnología del poder. En esa tecnología del poder, los mecanismos de prohibición, opresión, restricción y regulación que caracterizan la forma en que operan las estructuras de poder tradicionales o clásicas no son manifiestos. Más bien, la tecnología de poder hace que la gente moldee sus vidas e identidades según normas construidas en la historia de las disciplinas profesionales modernas. En vez de constreñir y prohibir, las tecnologías de poder moderno involucran a las personas en la producción de sus vidas mediante las disciplinas del yo.

Podemos considerar esa tecnología del poder moderno como "disciplinaria" en ambos sentidos del término. Primero, las relaciones de poder llevan a la gente a moldear sus vidas y a fabricar sus propias identidades según las normas construidas al hilo de la historia de las "disciplinas" modernas. Segundo, estas modernas relaciones de poder hacen que la gente produzca sus propias vidas a través de las "disciplinas" del yo.

Según esta versión del poder, vemos que las disciplinas modernas, incluidas la psicología, el trabajo social, y la medicina/psiquiatría, han jugado un papel decisivo en el desarrollo de una tecnología disciplinaria que suele llevar a las personas a participar en juicios normalizadores de sus propias vidas y las de las demás —estos juicios siguen normas acerca de lo que debería ser una vida útil, productiva y auténtica. Esas normas construidas, que nos invitan a medir nuestras vidas, se relacionan con las verdades que transmite nuestra cultura acerca de la naturaleza humana; esas verdades son las categorías identitarias favoritas de la era moderna.

Nos incitan a manejar estas verdades involucrándonos en actividades modeladoras del yo que pretenden reducir lo más posible el espacio entre el lugar donde nos ubicamos en los continuos de desarrollo y en los estándares de rendimiento, y las normas sobre las que se basan esos continuos y estándares: tendríamos que ser personas realmente independientes, autónomas, diferenciadas, y demás. Los instrumentos de este poder son los continuos que dictan lo que es sano y lo que es patológico, lo que es normal o anormal, y los estándares que clasifican a la gente en términos de avance o retroceso en su desempeño.

¿Quién no se ha puesto a comparar su vida a la luz de las normas construidas por nuestra cultura? ¿Quién no ha evaluado su posición en este continuo o en aquel otro? ¿Qué tanta gente no ha insertado los datos de su vida en un estándar u otro?

Es en el contexto de estas relaciones de poder que se incita a la gente a reproducir las individualidades que venera la cultura occidental contemporánea. Es en el contexto de estas relaciones de poder que se recluta a la gente para que actúe administrando su yo por sí misma, para reproducir las formas de ser que les otorga cierto valor normativo en nuestras comunidades —la gente tiene que auto-perfeccionarse, auto-controlarse, auto-contenerse, auto-realizarse, lograr plenitud y demás.

He discutido sólo algunos aspectos de cómo opera el poder moderno, y he enfatizado el papel del juicio normalizador. Me gustaría insistir en ese punto: *el juicio normalizador es la actividad central de las formas modernas en que opera el poder*. Estas formas de operar van de la mano con la construcción de conocimientos de vida e identidad a los cuales se asigna un estatus de verdad. Por lo general estas operaciones del poder son eficientes en involucrar a las personas en el imperativo de determinar esta verdad, revelarla, y mantenerse fiel a ella en sus actos de vida. Es en este sistema moderno de poder que las vidas de las personas se vuelven objeto de conocimiento.

Estas operaciones de poder "celularizan" la vida. La inserción de las personas en estos estándares y continuos —que son los instrumentos del juicio normalizador— tiene un efecto desarticulador de los grupos, los que son reemplazados por individuos que son dispersados para organizarlos en torno a una norma. De este modo, el poder disciplinario moderno produce individuos.

Si las relaciones de poder de este sistema moderno están en todas partes, en todas partes podemos ver cómo la gente se opone a ellas. Por ejemplo, esa oposición se vuelve obvia cuando las personas se niegan a reproducir las individualidades que la cultura venera. Esto se evidencia en lo que frecuentemente se considera su fracaso para autocontrolarse y auto-contenerse, o su fracaso en cualquier otro criterio de autenticidad promovido por la cultura.

Siempre hay oportunidades de rechazar las operaciones del poder. Tomemos, por ejemplo, las oportunidades que tiene la gente de resistir cuando la instigan a encasillar su vida en los continuos de desarrollo, de lo saludable y de la normalidad, o las oportunidades que tiene de retirarse de las prácticas que evalúan su vida a la luz de un criterio u otro. En el contexto del poder moderno, sus errores y equivocaciones, las contingencias que perturban su vida, y a veces, incluso las desgracias o fracasos para lograr los fines deseados, pueden constituir desenlaces excepcionales.

El poder moderno está multicentrado y multisituado. No es monolítico ni total. La humanidad entera está implicada en las formas de operar de este sistema de poder, cuando damos forma a nuestras vidas e identidades. Este poder está en todas partes. Pero no tenemos por qué perder la esperanza. Si podemos percibir el poder moderno en todas partes en sus formas locales de operar, en nuestras vidas y relaciones íntimas, entonces tenemos un sinfín de oportunidades para dar cuenta de estos modos de operar y subvertirlos.

CAPÍTULO 2

Los puntos de inflexión y la importancia de la ética personal y comunitaria

Al escribir este capítulo, quise reflexionar sobre los momentos decisivos, los puntos de inflexión en la historia de mi práctica. Enseguida me inundó un flujo de recuerdos. Eran tantos. Era imposible hacer justicia a todas las experiencias que habían contribuido a estos momentos cruciales, así que seleccioné unas cuantas:

- La reflexión y los apoyos de la tecnología
- Inversiones de la preocupación
- Las voces de los compañeros y las compañeras de trabajo
- El público
- Ética personal y comunitaria

LA REFLEXIÓN Y LOS APOYOS DE LA TECNOLOGÍA

Comienzo por abordar el papel que jugaron los apoyos de la tecnología para sentar las bases de algunos de estos puntos de inflexión. La tradición de grabar las entrevistas y reflexionar en ellas es parte de lo que me atrajo inicialmente al campo de la terapia familiar. Desde entonces, al hilo de los años, esta tradición de apertura y revisión sigue siendo muy valiosa para mí.

En los años setenta, empecé a grabar, en audio y en video, algunas de mis entrevistas. Esta tecnología me brindó, entre otras cosas, la oportunidad de experimentar algunos de los beneficios de la retrospectiva, que era imposible de otra forma. (Debo agregar que me brindó también la oportunidad de sentirme muy incómodo y abochornado). He mantenido esta forma de trabajar por años, y hasta la fecha sigo buscando la manera de escuchar y ver las grabaciones de mis conversaciones con la gente que me consulta.

Fue gracias a lo que vi y escuché en las grabaciones que pude distanciarme de la inmediatez de mi experiencia en esas conversaciones terapéuticas. Pude así ver y escuchar lo que de otra forma hubiera sido incapaz. Sin duda alguna, esto ha contribuido de manera significativa a muchos momentos clave, a muchos puntos de inflexión en mi trabajo.

Caminos para conversar

Qué son estos puntos de inflexión. Para comenzar, a través de estas grabaciones me hice más consciente de un terreno pleno de avenidas presentes en las conversaciones terapéuticas, y de caminos particulares en alguna conversación —caminos que no veía o de los que no estaba consciente del todo en el contexto de esas conversaciones. Así, al pasar los años, he experimentado un ensanchamiento de mi interés por las vidas de las personas, y una fascinación cada vez más honda por los finos rastros de las historias negadas en sus vidas. Eso me inspiró a desarrollar prácticas narrativas que contribuyeran a una expansión de los paisajes de existencia de las personas, paisajes que dejaban ver los muchos rumbos tentadores de su vida.

Escuchar y ver estas grabaciones me mantiene en contacto con mi sentido de aprendizaje, uno que no tiene fin. Entender que siempre habrá caminos para el enriquecimiento de los relatos que no me son visibles en la inmediatez de las conversaciones terapéuticas significa que nunca puedo estar plenamente satisfecho de mi contribución en cualquiera de esas conversaciones terapéuticas. Eso es inspirador, porque me motiva a estar atento al desarrollo continuo de habilidades terapéuticas que podrían ser muy útiles para esquivar muchos de los callejones sin salida a los que nos confrontamos en las conversaciones terapéuticas. Son habilidades que pueden ser de gran utilidad a la hora de encontrar paso libre hacia un enriquecimiento de los relatos.

La permanencia de las iniciativas

Gracias a las grabaciones, me volví más consciente de la multiplicidad de iniciativas que rutinariamente expresan las personas en relación con los problemas de su vida. Una cosa es saber que las personas no son receptoras pasivas de las fuerzas de la vida, y otra cosa es identificar esas iniciativas, y contribuir a un contexto que favorezca su permanencia. Una cosa es saber que los relatos que totalizan e invariablemente patologizan la vida de las personas son construcciones sociales que promueven conclusiones muy negativas acerca de su identidad, y otra cosa es identificar iniciativas que podrían proporcionar un punto de entrada a un cierto enriquecimiento de relatos que conlleva conclusiones más positivas de su identidad y nuevas opciones para actuar en el mundo.

Gracias a estas grabaciones pude darme cuenta de estas opciones. Y eso es muy importante en las circunstancias en las que existe el riesgo de totalizar la identidad de una persona —por ejemplo, la identidad de un hombre que me fue referido por la junta consultiva de libertad condicional por cometer un abuso y abogar por formas abusivas de ser en el mundo.

Gracias a estas grabaciones me percaté, por lo menos en parte, del hecho de que una vida buena es el resultado de un 97 por ciento de iniciativas estancadas, y que una vida atribulada resulta de un 98 por ciento de iniciativas estancadas. Gracias a estas grabaciones, en parte, llegué a concluir que la práctica terapéutica tiene éxito si ayuda a que permanezca el uno por ciento de las iniciativas que de otro modo se estancarían.

Las relaciones de poder de la terapia

Al escuchar y ver estas grabaciones, me hice más consciente de las relaciones de poder que existen en la terapia. Ha habido muchas ramificaciones en este proceso, incluyendo la posibilidad de identificar y nombrar la deshonestidad en la práctica terapéutica.

Un ejemplo: tuve la oportunidad de revisar la grabación reciente de una conversación terapéutica con un joven de 13 años y su madre y descubrí que, involuntariamente, había parafraseado una de las observaciones de la madre. Ella había advertido que los empleados de un centro de detención de alta seguridad habían hecho un buen trabajo con su hijo. Al verificar esta conclusión con el hijo, parafraseé su declaración, invirtiendo los términos del relato: "Tu mamá me dijo que hiciste un buen trabajo con los empleados del centro de detención. ¿Te hace sentido?".

Con esta inversión, había distorsionado las palabras de la madre. Sus palabras estaban suficientemente claras, entonces, ¿por qué hice esto? Quizás tuvo que ver con mi anhelo de que este joven experimentara algún grado de agencia personal —el relato predominante acerca de su vida era que no era capaz de dirigir el curso de su vida, ni de prever las consecuencias de sus actos. Había sufrido un trauma importante y soy muy consciente de las consecuencias de tales traumas para el sentido de agencia personal de un individuo. Pero sin importar lo que me llevara a esta inversión, expresó deshonestidad y una descalificación implícita de la voz de esta madre —que, para una mujer que ha vivido con desventajas significativas, tuvo que haber sido como una repetición de tantas experiencias de su vida. Si mi intención era revelar un relato de las posibilidades de agencia personal de este joven, lo podría haber hecho sin manipular las palabras de su madre y sin tergiversarlas frente a su hijo. Podría, por ejemplo, haber hecho preguntas como: "Tu mamá dijo que los empleados de este centro penitenciario hicieron un buen trabajo contigo. ¿Respondiste a lo que tenían que ofrecer, o no te importó? ¿Pudiste asimilar algo de esto, o lo rechazaste? ¿Y si pudiste asimilar algo, cómo te abriste a ello?".

Al reconocer mi falta de honestidad, no estoy menospreciando mi trabajo, ni rebajándome. Es porque amo mi trabajo que tengo mucho interés en identificar cualquier abuso de poder en mi práctica y erradicarlo. Creo que si no incursionamos en los abusos de poder que cometemos en nuestras prácticas terapéuticas, significa que ya nos fuimos a dormir. La grabación de las consultas nos puede dar pistas para identificar los abusos de poder en el contexto de la relación terapéutica.

INVERSIONES DE LA PREOCUPACIÓN

El segundo tema que me gustaría considerar implica las inversiones de la preocupación. Veamos un ejemplo.

Conocía a Donna desde hacía varios años. La primera vez me la trajeron su madre y su padre, muy preocupados por su calidad de vida. A Donna le diagnosticaron esquizofrenia, la medicaron durante varios años, y varias veces tuvo la experiencia de ser ingresada a un hospital psiquiátrico. Rara vez se aventuraba fuera de la casa de sus padres y cuando lo hacía, siempre era con alguien de la familia, con mucho miedo y aprensión. Me reuní varias veces con Donna y su familia por un periodo de ocho meses, y durante este tiempo ella empezó a salir al mundo y a desarrollar una vida propia —de hecho, se volvió bastante atrevida. Ella aún me visitaba de vez en vez, para lo que llamaba una "recarga". Esto ocurría, por lo general, cuando experimentaba estrés por haber dado (o por tener que dar) un nuevo paso, o cuando atravesaba una crisis de un tipo u otro.

Cuando me reuní con Donna en esta ocasión, llevaba cinco meses sin verla. Al final de nuestra conversación, miró alrededor del consultorio, escudriñó todo y exclamó: "¡Qué desorden!". Se refería sobre todo a mi sistema de archivo —en aquel entonces, clasificaba mis archivos horizontalmente y nunca encontraba lo que buscaba. Le contesté: "Sí, es un desorden. Y estoy decidido a hacer algo al respecto". Donna agregó: "¿Qué te hace pensar que estás listo para dar este paso?". Había algo tan familiar en su pregunta. Me reí y le contesté lo mejor que pude. Luego, vino otra pregunta de Donna: "Me imagino que esta decisión no salió de la nada. ¿Cómo llegaste a ella?". Ahora ambos nos reímos. Donna siguió con el andamiaje de esta entrevista con preguntas tipo: "¿Cuándo piensas estar listo para dar este paso?". "Supongo que en una o dos semanas", le dije.

Conversamos un poco más y la acompañé a la recepción. Ahí, para mi sorpresa, Donna hizo otra cita para que nos viéramos, dos semanas después. Le comenté que eso se apartaba de su hábito de hacer citas sólo hasta cuando sentía la necesidad de otra "recarga". Donna respondió, entusiasmada, "¡Oh! ¡Pero esta cita no es para mí, es para ti! Voy a abrirme el espacio para que me veas en dos semanas y ver cómo fue que arreglaste tu desorden". Me quedé boquiabierto.

Donna hizo la cita para un jueves en la mañana, temprano, y me quedé la mitad de la noche del miércoles ordenando mis archivos verticalmente. Logré dormir unas horas, y junté fuerzas con cafeína antes de encontrarme con Donna. Fue un evento extraordinario. Donna entró al consultorio, histriónica, y proclamó en voz alta: "¡Qué cambio! ¡Lo lograste!". Luego, se detuvo: "Pero no debería decir eso. Lo que importa es lo que piensas tú". Nos reíamos de nuevo, y no podía guardar la compostura, por las preguntas de Donna: "¿Y cómo afecta la imagen que tienes de ti?".

Es este tipo de experiencias lo que ha sido un antídoto muy fuerte para cualquier concepción que pudiera tener de los relatos que, en el proceso terapéutico, sólo contemplan una parte de la relación. Estas experiencias visibilizaron la forma en que las personas contribuyen a las buenas conversaciones terapéuticas, y a resultados satisfactorios en la terapia. Visibilizaron hasta qué punto las personas se nos unen en estas conversaciones, hasta qué punto nos alientan cuando las conversaciones avanzan y qué tanta paciencia tienen cuando las cosas no van en tan buen camino. Estas experiencias me hicieron ver hasta qué punto muchas de las personas que nos consultan perseveran a nuestro lado en las buenas y en las malas.

Este tipo de experiencias también enfatiza la medida en que las personas que vienen a consulta nos incluyen en sus vidas. Estos actos de inclusión son los que inspiran mis esfuerzos por identificar los modos en que las conversaciones terapéuticas impactan mi vida, y por encontrar maneras apropiadas y éticas de reconocerlo en el contexto de estas conversaciones. Este acto de reconocimiento es claramente significativo para la gente que nos consulta, pero también lo es para nuestras vidas como terapeutas. Porque contribuyen a la permanencia de las iniciativas, en nuestras vidas y trabajos: iniciativas que de otro modo se estancarían.

LAS VOCES DE LAS COMPAÑERAS Y COMPAÑEROS DE TRABAJO

A lo largo de la historia de mi práctica, las voces de mis colegas también contribuyeron a puntos de inflexión significativos. A continuación brindo dos ejemplos.

Fue en los años ochenta. Estaba lejos de Adelaida, dando un taller sobre el trabajo con parejas. Antes de empezar, me encontré con amigos, amigas y colegas que no veía en mucho tiempo.

Empecé el taller y llevaba media hora hablando cuando se levantó una compañera y me dijo, "no te escucho, Michael.". Dije: "Perdón, le voy a subir al sonido.". Esta compañera me dijo: "No es eso, Michael. Es que cuando hablas de tu trabajo con parejas, y te refieres a parejas heterosexuales, invisibilizas mi relación con mi pareja e invisibilizas mi identidad como lesbiana. Para mí sería mucho más fácil escucharte si en una presentación sobre parejas que son heterosexuales hablaras expresamente de 'parejas heterosexuales'".

Esto fue un desafío a la dominación heterosexual que expresaba yo involuntariamente. Esa expresión violaba mi propio sistema de valores y mi postura de cuestionar las relaciones de poder de la cultura local. Este reto contribuyó a que viviera otro momento decisivo, otro punto de inflexión, en mi entendimiento de cómo se expresa la dominación heterosexual. Desde entonces, estoy cada vez más consciente de la omnipresencia de la dominación heterosexual, de las mil formas que asume y de mi potencial para reproducirla inadvertidamente, en nombre de la práctica terapéutica. También me percaté de lo mucho que la dominación heterosexual se relaciona directamente con las dificultades en las vidas de las personas, incluyendo la situación en la que mucha gente joven se ve expulsada de sus hogares —gente que en un momento podría llegar a suicidarse.

Se ha puesto de moda para algunas personas leer mi forma de referirme a las parejas —distingo entre parejas heterosexuales y parejas gays o lesbianas—, como un ejemplo de mis esfuerzos por ser "políticamente correcto", con el sentido peyorativo que asocian a estos términos. Sin embargo, siento que, más bien, busco honrar lo que las personas protagonistas dicen del sentido que algunas palabras tienen para ellas, y lo que revelan de las políticas asociadas con las prácticas discursivas que no se cuestionan.

Un segundo ejemplo de la importancia de las voces de mis colegas de trabajo ocurrió hace unos años, cuando me invitaron a dar consulta en una organización creada por personas aborígenes para brindar servicios relacionados con la violencia presente en familias aborígenes. En respuesta a esta invitación, me encontré luchando con grandes dilemas. Soy miembro de la cultura blanca, y son las políticas y actos de mi gente los que tanto han perjudicado a la cultura aborigen a lo largo de la historia de ocupación de este país. Esta ocupación ha sido posible, entre otras cosas, por arrebatar muchos niños y niñas a sus familias, y al despojarlas con ello de sus habilidades de cuidado y educación familiares. Como hombre blanco australiano, pertenezco al grupo principalmente responsable de estas políticas y de haberlas ordenado. Mi dilema era entonces el poder percibir la articulación directa entre lo que me consultaba la gente y mi existencia en esta tierra.

Durante varias semanas luché con este dilema en las primeras consultas. Después, en una conversación con la directora del servicio, nombré este dilema y hablé con ella de mi lucha con éste. Su respuesta fue gentil al confrontarme: "¿Crees que está bien que te apropies este dilema, que simplemente asumas que es tuyo, que simplemente asumas que tú eres quien tienes la opción de resolverlo? Esto es típico de muchas personas blancas, de muchos de ustedes. Lo que está en juego es el privilegio. Es asumir que tienes la potestad de llegar por ti mismo, independientemente, a una resolución de esto. Pero estas consideraciones afectan a toda la comunidad. No creas que no hemos considerado este dilema desde el otro lado. Pero no es tan sencillo en nuestro caso. Si no seguimos con el desarrollo de este servicio, nuestra gente sufre. Así que es un dilema que todas y todos compartimos, y que podemos compartir conversando. Vamos a compartir este dilema, y será claro para ti el momento de partir".

Este reto contribuyó a otro de mis puntos de inflexión en mi entendimiento de las expresiones del privilegio blanco y de sus mecanismos. Desde entonces me he vuelto más consciente de lo que constituye las expresiones del privilegio blanco, y cuando colaboro con colegas aborígenes, intento familiarizarme más con las consecuencias de estas expresiones.

EL PÚBLICO

Hay un cuarto asunto relacionado con los puntos de inflexión en mi trabajo que me gustaría describir. Tiene que ver con consideraciones sobre el público.

David Epston y yo tenemos una larga historia involucrando a otras personas que fungen como oyentes en los relatos preferidos en la vida de las personas. A finales de los años ochenta, después de familiarizarnos con el trabajo de la antropóloga cultural Barbara Myerhoff, empezamos a concebir que las personas que convocábamos tenían un papel de testigos externos. Fue una etapa muy significativa en nuestro trabajo.

Cuál fue el génesis de esto. Hace poco tuve la oportunidad de mirar unas viejas cintas de mis conversaciones terapéuticas con niños, niñas y sus familias. Una de las cosas que saltó a la vista fue el grado al que rutinariamente involucraban a alguna persona como oyente en sus nuevos alegatos acerca de sus vidas, surgidos en el contexto de la terapia. Algunas de estas personas llevaban sus "certificados de reconocimiento y desempeño" a la escuela para compartirlos con sus compañeros y compañeras, y otras manifestaban a sus hermanos y primos, a menudo de un modo teatral o histriónico, las habilidades que acababan de descubrir. Era claro que estos públicos tenían un papel esencial en la legitimación de sus nuevas reivindicaciones y en fomentar sus tramas de vida preferidas. Aunque no estaba del todo consciente de la importancia del público en los cambios en las vidas de los niños con quienes me reunía, en retrospectiva no me queda ni la menor duda de que estas experiencias fueron una parte significativa de la inspiración para los subsecuentes pasos en mi activo proceso de convocar testigos externos como público.

En los últimos diez años, mis exploraciones de la contribución de los testigos externos en legitimar las reivindicaciones de identidad alternas me llevó a desarrollar un "mapa" terapéutico para guiar las respuestas de las personas que desempeñaban ese papel. No lo voy a resumir aquí, más bien voy a contar la historia de mi encuentro con un chico llamado Nathan, que conocí hace unos 20 años. Decidí contar esta historia porque representa una de las experiencias que contribuyeron a convencerme de que el público apropiado puede lograr lo que yo no puedo lograr como terapeuta. Este tipo de experiencias son las que me animaron a involucrarme en el tipo de indagaciones terapéuticas que nos descentran como terapeutas.

Nathan había tenido muchos problemas en casi cualquier aspecto de su vida —con las autoridades escolares, con la policía, con la familia de sus amigos y con su propia familia. En el contexto de mi trabajo con él y con su familia, y en el contexto del enriquecimiento de los relatos, Nathan verbalizó la afirmación de que estaba decidido a "restablecerse" de los problemas. La metáfora del "restablecimiento" despertó mi curiosidad. Le pregunté sobre la historia de su familiaridad con ésta. Con su respuesta me enteré que su familiaridad era el resultado de haber practicado formas menores del atletismo —estaba familiarizado con la idea del atleta que se restablece después de una lesión. Sus papás me informaron que habían expulsado a Nathan de sus clases de atletismo por su "mal comportamiento".

Pensé que alguien que se hubiera recuperado de una lesión sería el testigo externo ideal para la declaración de Nathan de haberse "restablecido". Tuve la sensación de que una respuesta apropiada por parte de alguien como esa persona contribuiría a que Nathan se sintiera más acorde con su declaración y que esto orientaría sus acciones. Conocí a un triatleta que se había desenvuelto bastante bien en la escena local y que se había restablecido de una lesión. Me pregunté en voz alta si Nathan estaría interesado en reunirse con él para hablar de cómo se restablecen los atletas, de lo que supone prepararse para el restablecimiento, de los posibles reveses que hay que enfrentar y aguantar, y de la determinación que se requería para llevarlos a cabo.

Nathan y sus padres se entusiasmaron mucho con la idea, así que les dije que vería lo que se podía hacer. Me contacté con el triatleta, Rod, le conté aquello que tenía permiso de compartirle y le pregunté si estaba dispuesto a conocer a Nathan. Rod dijo que haría todo lo que podía para ayudar, con el tiempo que tenía. Sugirió que Nathan fuera a la pista de atletismo el siguiente jueves a las cinco y media de la tarde, y propuso tomarse unos 20 minutos para hablar con él del tema de los restablecimientos. Le pedí que dejara que Nathan mencionara lo que quisiera sobre el "restablecimiento" que había emprendido. Rod dijo que entendía, que no le haría ninguna pregunta intrusiva.

Y llegó el encuentro. Los papás de Nathan esperaron en el carro no 20 minutos, ¡sino una hora y 20! Varias veces se preocuparon por lo que podría estar intentando Nathan: ¿Estaría grafiteando las paredes del estadio o causando algún otro problema? Sin embargo, lo buscaron y lo encontraron en una conversación muy seria con Rod. Al final, Nathan atravesó el estacionamiento con mucha calma y se deslizó, imperturbable, en el asiento trasero del auto. "¿Qué pasó?", le preguntaron. "Ah, únicamente conversábamos de hombre a hombre", respondió Nathan. Luego, mamá y papá se enteraron que, en el contexto de esta conversación sobre la naturaleza de los restableci-mientos, de las pruebas y tribulaciones que conllevaban, Rod le había contado a Nathan que cuando tenía su edad, también tenía muchos problemas y su vida estaba arruinada. Rod habló de su decisión de restablecerse de los problemas, y de las dificultades que experimen-tó para llevar esta decisión a cabo. Pero perseveró y al final lo logró. Después, Rod observó que si no hubiera vivido esta experiencia de "restablecimiento", probablemente no habría podido perseverar para restablecerse de su lesión —más bien habría renunciado. Al parecer, Rod dijo varias veces en la conversación: "Así que todos los problemas por los que pasé no fueron en vano".

Cuando llegaron a casa, Nathan exclamó "¡Saben, mi vida tam-bién estaba arruinada, pero no todo ha sido en vano!". A partir de este momento, ya no hubo marcha atrás para Nathan. Aunque ex-perimentó altibajos en su "restablecimiento", no vaciló nunca en su determinación. Me quedó muy claro que Rod había logrado algo con Nathan que yo no pude lograr siendo el terapeuta.

Al comprender que, en muchas circunstancias, los testigos exter-nos tienen el potencial de lograr cosas que van más allá del terapeuta, me animé a explorar más las prácticas que recurren a personas que atestiguan el proceso en el contexto de las conversaciones terapéuticas.

ÉTICA PERSONAL Y COMUNITARIA

He dado varios ejemplos de experiencias que han contribuido a los puntos de inflexión, momentos cruciales en el desarrollo de mi traba-jo. Estas experiencias tienen que ver con escuchar y ver grabaciones, con las voces de la gente que llega a consulta, con las voces de mis colegas de trabajo, y con las voces de las personas que fungen de testigos externos en mis conversaciones terapéuticas. Este tipo de experiencias son, entre otras cosas, las que me permitieron identificar los abusos de poder en la relación terapéutica; desarrollar una conciencia más fuerte de las relaciones de poder de dominación heterosexual y de las expresiones del privilegio blanco; me permitieron reconocer las contribuciones de la gente que me consulta, y reconocer que los testigos externos a menudo logran cosas que yo, como terapeuta, no puedo lograr.

Este tipo de oportunidades no se nos presentan así nomás. Nosotros respondemos. Qué es lo que conforma el tipo de respuestas que describo en este capítulo. Claro, ya conozco algunas de las respuestas desagradables a esta pregunta —que desprestigian y menosprecian estos intentos diciendo que se basan en un cierto "purismo" y que son "políticamente correctos". Pero no me interesa para nada lo que a veces llaman "purismo", ni he tratado de ser "políticamente correcto". Lo que sí me interesa es el tipo de ética personal y comunitaria que me alienta a honrar lo que la gente dice de las consecuencias de:

- Los abusos de poder en la relación terapéutica.
- La reproducción de las relaciones de poder de la cultura local, incluidas las de la dominación heterosexual.
- Las expresiones de la dominación blanca y las formas que asumen sus expresiones.
- El reconocimiento de las contribuciones de la gente que viene a consulta.
- La contribución de los testigos externos y la importancia de descentrar a la persona que da terapia privilegiando el macro-mundo de la vida sobre el micro-mundo de la terapia.

Esta ética personal y comunitaria es la que conformó mis respuestas a las experiencias descritas en este capítulo. Gracias a ella, estas experiencias han sido momentos claves de mi práctica. Es el tipo de ética personal y comunitaria que enfatiza nuestra responsabilidad en las consecuencias de lo que decimos y hacemos en nombre de nuestras prácticas; son las que nos animan a introducir estructuras que nos responsabilizan aún más ante las personas que vienen a consulta; las que nos motivan a reconocer que las personas sujetas a las relaciones de poder de nuestra cultura saben mucho más de lo que sabemos de nuestros hábitos de pensamiento y de actuar; son las que destacan el fenómeno de un sí mismo relacionado en vez de un sí mismo encapsulado, en boga en la cultura contemporánea occidental; y son las que nos animan a cuestionar hasta qué punto podemos ser cómplices de las formas de operar del poder, tanto tradicional como moderno.

Las experiencias descritas en este capítulo constituyeron puntos de inflexión porque me brindaron la oportunidad de armonizar mi práctica con el tipo de ética personal y comunitaria que tomo como principal guía en mi práctica. Pero darle prioridad a las consideraciones acerca de la ética personal y comunitaria es contradecir dos afirmaciones que dominan hoy día en la cultura de la terapia y de la asesoría. La primera privilegia las evidencias y la validez central de las nociones que privilegian los tratamientos basados en evidencias. Según esta afirmación, cualquier enfoque basado en evidencias tiene un estatus predominante.

La segunda afirmación contemporánea se refiere a la primacía concedida a la relación terapéutica. El argumento es que la relación terapéutica es lo único relevante para el resultado terapéutico, y que es algo que todas las terapias comparten, independientemente de las creencias y las orientaciones. Según esta afirmación, la mayoría de las terapias se parecen más de lo que se distinguen, y las convicciones y orientaciones terapéuticas importan muy poco.

Sin embargo, me parece que la afirmación de que necesitamos evidencias y que la relación terapéutica es importante no nos dice gran cosa. No creo que nadie dude de la importancia de las pruebas ni de la importancia de la relación terapéutica para llegar a un resultado. Pero me pregunto ¿de qué tipo de resultados estamos hablando? Creo que esta pregunta sí pone en el centro asuntos de ética personal y comunitaria. Esta pregunta hace que la ética personal y comunitaria se vuelva crítica ante cualquier consideración de nuestras prácticas terapéuticas.

Sólo quiero dar un ejemplo para clarificar mi postura: hace poco leí el relato de una práctica terapéutica relacionada con un hombre que luchaba con problemas de ansiedad; la gente lo juzgaba como persona sin asertividad. Para ejemplificar su carencia, se decía que, por mucho que se enojara cuando en el auto alguien se le colaba en la fila, no reaccionaba de la forma usual —es decir, no le concedía mucha importancia. Se trabajó con un enfoque terapéutico basado en evidencias y el terapeuta le dio considerable prioridad al desarrollo de la relación terapéutica. Como resultado de este enfoque terapéutico, este hombre se sintió, en circunstancias como las que les acabo de describir, con más derechos, y pudo expresar sus frustraciones en la vida respondiendo "de modo más apropiado" —es decir, respondiendo con mayor amplitud ante sus frustraciones. Claro, hay pruebas de que el enfoque funcionó, y no tengo duda alguna de que la relación terapéutica fuera un factor muy significativo para llegar a este resultado.

Ahora, volvamos a imaginar este trabajo. Imaginemos que nos reunimos con esta persona que lucha con problemas de ansiedad. Imaginemos que escuchamos algunos relatos de las experiencias de este hombre en el mundo, incluido el relato de sus frustraciones al volante. Y en respuesta a lo que nos cuenta, nuestra curiosidad se centra en saber cómo logró evitar sentirse con derecho a responder ante estas frustraciones, cómo logró evitar darle demasiada importancia a este tipo de situaciones. Ahora imaginemos que esta curiosidad contribuye a que este hombre se interese, y luego se sienta fascinado por un sentimiento de vivir que no reproduzca lo que se venera en la cultura masculina, y que le fascine tener una historia con este sentimiento en su vida. Imaginemos que en el contexto de esta conversación se enriquezca nuestro conocimiento de ese sentimiento, y que este hombre se familiarice aún más con algunos de los saberes y habilidades de vivir asociados con este sentimiento. Imaginemos que como resultado de esta exploración, encuentra que es capaz de responder con más flexibilidad a una serie de dificultades, se siente orgulloso por la postura que asumió ante numerosas ideas sobre la vida y la identidad que se dan por sentadas y se encuentra en un lugar de vida más armonioso. Claro, ahora, como en el primer guión, hay evidencias de que el enfoque funcionó, y no cabe duda de que la relación terapéutica también fue un factor esencial para lograr este resultado. Así, afirmar que las pruebas son importantes y que la relación terapéutica es un factor crucial no nos dice gran cosa.

¿Es nuestro papel ser cómplices involuntarios del poder moderno?, o ¿es nuestro papel respaldar la diversidad en la vida cotidiana? ¿Es nuestro papel estimular modos de concebir la vida basados en historias de vida unilaterales?, o ¿poner de manifiesto la complejidad de las historias alternas de vida? ¿Es el consultorio el contexto para confirmar lo conocido y familiar o es un contexto para llegar a lo que podríamos conocer? ¿Es un contexto para domesticar lo exótico o para exotizar lo doméstico?

CONCLUSIÓN

En este capítulo, esbocé varias experiencias que contribuyeron a momentos decisivos en la historia de mi práctica. Además, describí cómo fue que mis respuestas a estas experiencias fueron forjadas por una ética personal y comunitaria particular. Para concluir, creo que avanzar en el desarrollo de nuestro trabajo depende de la prioridad que le demos a la ética personal y comunitaria. Si no priorizamos estas consideraciones, corremos el riesgo de obviar varios actos de vida, y de obviar la importancia de reconocer esta diversidad. Si no le damos prioridad a estas consideraciones, corremos el riesgo de avalar los discursos que se dan por sentado en nuestra cultura, que fomentan un conformismo asumido como estilo de vida. Si no priorizamos estas consideraciones, corremos el riesgo de volvernos, involuntariamente, cómplices de las formas de operar del poder tradicional en la reproducción de la desigualdad, y de las formas de operar del poder moderno en la reproducción de las normas veneradas por nuestra cultura.

CAPÍTULO 3

El poder, la psicoterapia y las nuevas posibilidades de disentir

Se suele asumir que el contexto terapéutico es sacrosanto, y eso permite que como terapeutas lo tratemos como si estuviera exento de las estructuras e ideologías de la cultura dominante, asegurando la reproducción involuntaria de dicha cultura. En el proceso de cualquier interacción terapéutica que se guíe por este supuesto, lo más probable es que se refuercen los mismos aspectos ideológicos y de orden social que originan el contexto de los problemas que experimentan las personas (como por ejemplo, el culto al individualismo y el reforzamiento de los roles de género opresivos).

En este capítulo, discuto ejemplos de la reproducción de la cultura dominante en la terapia —en términos de la estructura del contexto terapéutico y en términos de los saberes desplegados en este contexto— y examino los efectos reales que tiene esta reproducción de la cultura dominante en las vidas de todas las personas involucradas en la interacción terapéutica. También discuto ciertas implicaciones de este análisis —implicaciones que nos requieren revisar el contexto terapéutico, nos llevan a desmantelar algunas estructuras y prácticas terapéuticas aceptadas y apuntan a la creación de contextos que abren nuevas posibilidades para disentir.

EL PODER Y LA CULTURA DE LA TERAPIA

En los últimos años, una gran cantidad de terapeutas han estado lidiando con el mismo problema: cómo cambiar la cultura de la terapia. Revisar nuestras prácticas no es algo fácil de lograr, pero podemos hallar cómo hacerlo. Si la cultura de la psicoterapia desempeña un papel central en la reproducción de esta cultura, también puede tener un papel central en su desmantelamiento. Muchos trabajamos para desarrollar procesos y estructuras que contribuyan a transformar el poder y la cultura de la terapia. Este capítulo se inscribe en el contexto de esta reflexión.

James

James se presentó a sí mismo como "esquizofrénico". Me narró la historia de sus brotes psicóticos y sus hospitalizaciones. Compartió conmigo detalles de los diagnósticos y de los numerosos medicamentos que le recetaron. Luego, empezó a reflexionar sobre el estado general de lo que sucedía en su vida y, en el proceso, me habló de la profunda sensación de desesperación con la que luchaba día tras día. Desesperado intentaba todo, y vez tras vez su intento se le deshacía en las manos. Anhelaba que su vida saliera adelante, y sin embargo, una y otra vez, lo que llamaba "los episodios de las voces" destruían su camino.

Le pregunté qué significaba, para él, *salir adelante*. Durante un rato buscó sus palabras. Sus ojos se llenaron de lágrimas. James dijo que se sentía un fracaso. Dijo que *salir adelante* significaba muchas cosas: ser capaz de ser casi todo lo que él no era; ser una persona real; no ser dependiente; valerse por sí mismo, tranquilizarse a sí mismo; ser firme; tener confianza en sí mismo. No estar fragmentado como persona. Y, quizás significaba, por encima de cualquier otra consideración, ser aceptable. James trabajó muy duro para que los demás lo aceptaran, por recibir la aprobación moral de la comunidad de personas en cuya periferia se desenvuelve.

James me dijo que a veces tuvo muy buenas ideas sobre quién podría ser, y grandes planes. Pero todos dejaron de importarle. Me quedé pensando. ¿Era delirante? Quizá. Pero "fanfarronada" sería una mejor palabra. James quiso saber si pensaba que hubiera alguna esperanza para él, si podía hacer algo para ayudarlo a sentirse bien consigo mismo, o para ayudarlo a volverse persona.

Jenny

Jenny se presentó rápido y me contó que últimamente había estado bastante deprimida y desesperada. Pensamientos suicidas le rondaban la cabeza los últimos tres meses. Le preocupaba mucho proseguir con estos pensamientos. No creía poder sentirse menos de lo que se sentía en aquel momento. Su rostro no reflejaba la menor expresión. Mejor dicho, mostraban sus rasgos una resignación fantasmal.

Pregunté: "¿Tienes alguna idea de cómo te enganchaste en esta sensación de inutilidad?". Lo sabía muy bien. Me habló un poco de las traumáticas circunstancias de su niñez, de la adolescencia y de la primera etapa de su vida adulta. Pero pensaba haberlo superado y solucionado. Trabajó bastante duro en ello. Y le había ido mejor. Sin embargo, ahora que la depresión había resurgido de forma inexplicable, sentía que sus esfuerzos habían sido en vano, que había vuelto a empezar de cero. Se sentía a merced de esta depresión. Estaba a punto de rendirse.

De repente, me oí decir que, en mi experiencia, la depresión no aparecía de la nada. "¿Puedo hacer algunas preguntas sobre lo que ha pasado recientemente?", le dije. Sí, estaría bien. Me enteré que la depresión regresó cuando Jenny estaba de vacaciones, unos tres meses antes de nuestra reunión. El inesperado descenso hacia la depresión confirmaba, según ella, su inutilidad, pues le dejaba suponer que el trabajo no era más que una forma de esquivar su incompetencia y escapar de su verdadera naturaleza, que asumía como básicamente depresiva.

Tras ahondar un poco más en los sucesos relacionados con estas vacaciones supe que Jenny había podido ponerse al día con algunas lecturas. Le pregunté qué tipo de libros había leído y cuál sería mi sorpresa cuando me enteré que eran tres sonados libros de psicología prescritos por un terapeuta: ¡dos sobre el tema de la "autenticidad" y otro llamado *Las mujeres que aman demasiado*!

La familia de Sally

Sally tenía unos veinte años. Vino con sus padres, Janet y Steve, su hermano, Scott y su hermana, Helen. Sally tenía una historia de anorexia nerviosa que duraba desde varios años. La habían sometido a varios tratamientos, incluidos periodos de hospitalización.

Luego de las presentaciones, los miembros de la familia me contaron los detalles que creían importantes. Pregunté lo que habían entendido de la anorexia nerviosa en otras consultas, y lo que más les hacía sentido. Cuando respondieron, sentí que estaba a punto de presenciar una representación de la historia común. Sally, que ya se había sentado al margen del grupo familiar, volteaba a la pared. Noté lágrimas corriendo en el rostro de Janet, cuando me contestó diciendo que, al menos, ahora tenía alguna noción del problema. ¿De qué tipo?, pregunté. Janet dijo que se había dado cuenta que el problema tenía mucho que ver con ella: había estado demasiado cerca de su hija, sobreprotegiéndola y tal vez siendo controladora. Sollozaba, y Sally parecía aún más lejana —algo que un minuto antes no pensé que fuera posible. Los demás miembros de la familia no parecían saber qué hacer, ni siquiera hacia dónde mirar.

Pronto les empecé a preguntar lo que habían aprendido, en las demás consultas, sobre la solución para el problema. Sentí que de nuevo estaba a punto de escuchar otra historia muy familiar. Steve me dijo que Sally tenía que aprender a ser más independiente. Janet se había repuesto un poco y abundó en este sentido. Dijo que la solución era que Sally se independizara y soltara la relación con su madre y con la familia en general.

El poder y la psicoterapia: la dimensión olvidada

Cuando se asume que el contexto terapéutico está exento de las estructuras y la ideología de la cultura dominante, nos alentamos a proseguir con nuestro trabajo, caracterizado por cierta vanidad, por un fuerte sentimiento de suficiencia. Esta vanidad es tal que incluso genera conversaciones y debates entre pares que giran en torno a saber si debemos o no considerar el aspecto político de las relaciones en la terapia, o incluso si este aspecto político de las relaciones es o no relevante para la práctica.

A veces incluso me han pedido participar en espacios donde se debatía para saber si nos incumbía o no el politizar la terapia. Ya tengo una respuesta estándar para este tipo de preguntas: si me baso en estos términos, el debate es irrelevante y supone cierta arrogancia. No se trata nunca de llegar a la decisión de politizar o no nuestros consultorios, o de sacar o no el tema de la política en la terapia, sino de preguntarnos si estamos o no *dispuestos a reconocer* la existencia de lo político en nuestras prácticas, y a reconocer qué tan propensos estamos a ser cómplices de la reproducción de ese sustrato político. ¿Cómo podría el contexto terapéutico estar exento de la política de género, raza y clase? ¿Cómo puede la terapia estar exenta de la política asociada con una jerarquización del conocimiento y de la política de marginalización en esta cultura? Cuando las personas entran a un consultorio, traen consigo los aspectos políticos de sus relaciones. Cuando entran a un consultorio, penetran un contexto totalmente estructurado por lo político.

Aun el examen somero de las viñetas anteriores muestra muy claramente que no se puede sustentar la idea que la terapia se encuentra en algún sitio privilegiado, fuera de la cultura en general. ¿Qué opciones tenemos para actuar si consideramos a James en su sensación de ser un tremendo fracaso como persona, pero a la luz de esta cultura que venera el individualismo, que dicta el autocontrol y la autocontención? ¿Cómo se vería afectado el curso de la terapia si reconociéramos qué tanto esta especificación acerca de ser persona excluye a James de la aprobación moral otorgada en esta cultura a las personas que logran reproducir mejor la individualización? Podemos percibir los efectos negativos del estrés y la angustia que James experimenta en su vida, pero ¿qué implica para nuestras interacciones terapéuticas reconocer que esos efectos negativos vienen del extraordinario estrés al que se somete en su esfuerzo por obtener este reconocimiento moral? ¿Cómo relacionarnos, a la luz de estas preguntas, con su llamado a que le ayudemos a volverse una persona real?

Y, qué decir de la experiencia de Sally. ¿Cómo seguir con nuestro trabajo si analizamos su experiencia a la luz de los sistemas de poder modernos que involucran a las personas en la evaluación, juicio y vigilancia perpetuos de sus propias vidas? ¿Qué diferencias habría en nuestra interacción con Sally si comenzara a ser relevante la evaluación del contexto de su depresión? ¿Qué formas alternativas de acción tendría Sally si se evidenciara el grado al que fue incitada a tiranizarse en ese estado de autenticidad —si evidenciáramos e identificáramos las artimañas de las formas de vivir y pensar que esconde la palabra *autenticidad*? ¿Cómo podríamos priorizar el contexto de las políticas de género si nos diéramos la oportunidad de explorar qué modos de ser en el mundo son promovidos por títulos como *Las mujeres que aman demasiado,* y qué formas de ser fueron marginalizadas y descalificadas en el camino? ¿Qué pasaría si el terapeuta le preguntara a Sally si alguna vez ha escuchado de un libro llamado *Mujeres amorosas en relaciones con hombres que no aman lo suficiente*? ¿Es posible que las mujeres amen demasiado cuando el amor es recíproco?

¿Qué ocurre con nuestra orientación en el trabajo cuando somos capaces de considerar y explorar la posibilidad de que los síntomas de la anorexia nerviosa derivan de la misoginia de esta cultura? ¿Qué diferencia habría en nuestra forma de hablar con esta familia si nos permitiéramos escuchar el relato tan sonado de Janet sobre la "intuición" en el contexto de las prácticas que culpan a la madre de esta cultura? ¿Qué pasaría con nuestro trabajo si nos permitiéramos reconocer la medida en que la psicoterapia ha sido cómplice de la reproducción de la misoginia y ha desempeñado un papel central en la reproducción de modelos que culpan a las madres? ¿Qué pasaría si reconociéramos la forma en que la cultura de la psicoterapia ha reproducido el contexto mismo que es, en realidad, constitutivo de la anorexia nerviosa? Si pensamos en la educación que recibieron los miembros de la familia en sus consultas acerca de la solución al problema, ¿qué pasaría si hiciéramos preguntas acerca de lo que se está reproduciendo en esa historia tan familiar —con las metáforas que son la piedra angular de la cultura de la psicoterapia; con las metáforas de individuación y diferenciación y lo que se esconde detrás de estas metáforas; con las versiones de estas metáforas que reducen la individuación a la separación y la desvinculación; con las versiones de estas metáforas que reproducen las individualidades aisladas que tanto se valora en esta cultura?

Espero que esta discusión disipe un poco la idea de que el contexto de la psicoterapia ocupa alguna ubicación privilegiada, lejos de la cultura en general. Esta idea y muchas otras que se le asocian juegan un papel clave en la construcción de un escenario terapéutico que no está situado en la periferia de la cultura dominante, sino en su centro. Ocupando esta ubicación, la terapia ha desempeñado un papel fundamental en la reproducción y la producción de la cultura dominante. Ha sido protagonista importante en el mantenimiento del orden social dominante. Ha contribuido de sobremanera en la valorización de ciertas formas de vida y en la marginación de otras. Respecto a la hegemonía de los saberes ensalzados por esta cultura, la psicoterapia mantiene un doble discurso.

Espero que esta conversación enfatice la medida en que nosotros, como terapeutas, no debemos condenarnos a eternizar el papel de cómplices involuntarios e involuntarias de la reproducción del orden social dominante. Aunque no nos podamos posicionar fuera de la cultura, tampoco tenemos por qué ser cómplices. Si aceptamos sin cuestionar el argumento de que la terapia ocupa alguna ubicación privilegiada fuera de la cultura, garantizamos la complicidad de las prácticas terapéuticas en la reproducción de la cultura dominante. Si aceptamos esta idea sin cuestionarla, garantizamos la duplicación, en la terapia, del contexto mismo que constituye muchos de los problemas que las personas realmente traen a terapia.

Con estas consideraciones, cómo es posible que seamos vanidosos en la terapia. Sería una locura. Si llegamos al entendido de que la terapia es, de hecho, en gran parte, una representación de la cultura, la pregunta de si debemos, como terapeutas, politizar la terapia se vuelve un absurdo. Aceptar que la psicoterapia no puede estar exenta de jugar un papel en la reproducción (o no) de esta cultura, entendiendo que *es parte íntegra de* esta cultura, nos permite reconocer como ineludibles las dimensiones políticas y los dilemas que plantea nuestro trabajo. Así, habremos de reconocer que cuando las personas entran en nuestros consultorios, llegan con su universo político de relaciones. Habremos de reconocer que cuando entran a nuestros consultorios, entran en un entorno politizado. Habremos de reconocer que si la terapia es parte intrínseca de esta cultura, inevitablemente desempeñamos un papel en la reproducción de dicha cultura. Y nos enfrentamos a nuevas preguntas:

- ¿Qué podemos construir en el contexto terapéutico para contribuir a nuestra toma de conciencia acerca de los aspectos políticos de las relaciones?
- ¿Cuál es nuestra propuesta para lidiar con los dilemas políticos que surgen en este trabajo?
- ¿Qué pasos podemos emprender para evitar ser totalmente cómplices de la reproducción del orden social dominante?
- ¿Cuáles son algunas de las condiciones necesarias para una terapia que sea sensible a las políticas de género, de dominación heterosexual, de raza, de cultura, de clase y de orientación sexual?
- ¿Cómo interactuar con las personas para ayudarlas a identificar, abrazar y honrar su resistencia frente a aquellos actos de individualismo en los que la cultura moderna les incita a involucrarse mediante sus conocimientos y prácticas de poder?
- ¿Cómo subvertir las jerarquías de saber que privilegian el conocimiento profesional y abrir nuevas posibilidades para disentir?

• ¿Qué posibilidades tenemos para privilegiar los saberes alternos y la capacidad de saber de aquellas personas que buscan nuestra ayuda?

• ¿Cómo logramos confrontarnos con las responsabilidades morales y éticas que cargamos debido a los efectos reales, o a las consecuencias, de nuestras interacciones con aquellas personas que buscan nuestra ayuda?

• ¿Qué opciones tenemos para establecer estructuras que nos permitan rendir cuentas ante las personas que buscan nuestra ayuda —estructuras donde nos hagamos cargo de exponer los abusos reales y posibles en la práctica terapéutica?

• ¿Cuáles son las formas adecuadas para que reconozcamos los desequilibrios de poder inherentes a las relaciones terapéuticas?

• ¿Qué podemos hacer para mitigar sus efectos tóxicos?

• ¿Cómo reconocer el lugar donde nos ubicamos en los mundos de género, raza, clase, cultura e identidad sexual?

• ¿Cómo reconocer las implicaciones de nuestra posición?

Es imposible discutir, en este capítulo, todas esas preguntas y sus implicaciones para la terapia. Así que restrinjo mi análisis a una de las prácticas de poder en la cultura de la terapia. Reviso más adelante los efectos reales que tienen los relatos tradicionales, unilaterales, del proceso terapéutico.

CONSTITUCIÓN DE LA VIDA DEL TERAPEUTA

En la cultura de la psicoterapia, se da por sentado que los relatos desarrollados en el proceso terapéutico son unilaterales. Las actividades de los diversos órganos institucionales del mundo de la psicoterapia están claramente influidos por la idea de que las personas que vienen a terapia son las "únicas" receptoras de la terapia; piensan que si la terapia tuvo algún logro, estas personas atravesarán un proceso de transformación. Y eso sin importar el modo en que puedan concebirse nuestras contribuciones como terapeutas a dichas transformaciones —sea que facilitemos las condiciones que favorecen estos cambios, que intervengamos de ciertas maneras, que brindemos una nueva perspectiva sobre algunas situaciones o nos involucremos en ciertos procesos de educación, y más. La interacción terapéutica se representa invariablemente como un proceso de un solo sentido. (A no ser que se construya en términos considerados como problemáticos, como en el caso de la "contratransferencia" por ejemplo).

Un examen crítico del relato unilateral de este trabajo muestra cómo funciona y se refuerza el dualismo sujeto-objeto, omnipresente en la estructuración de las relaciones en la cultura occidental. Este dualismo se construye sobre el supuesto de que el terapeuta es un sujeto autónomo, neutral, cognoscente, que ha adquirido ciertos conocimientos acerca de la "verdad" y que la persona que busca ayuda es el objeto de este conocimiento. Quienes brindamos terapia nos concebimos como actores y actrices o motores de esta interacción llamada terapia, y las personas que buscan ayuda se definen como "las otras".

Al involucrarnos en este tipo de análisis crítico de la interacción terapéutica, es imposible evitar la conclusión de que la representación unilateral de este proceso margina a las personas que buscan ayuda. Tampoco podemos evitar la conclusión de que existe una política asociada con la concepción dominante de la terapia como un proceso unilateral —una concepción asociada con la construcción y la preservación de las jerarquías de saber.

Si rompemos con el dualismo sujeto-objeto, podremos aprehender seriamente la noción de que no puede haber una posición neutral, autónoma. Tendremos la libertad de explorar las implicaciones de este entendimiento en nuestras interacciones con aquellas personas que buscan nuestra ayuda y reconocer hasta qué punto la interacción terapéutica es constitutiva de las vidas de todas las personas partícipes de esta interacción. Esta exploración nos permite reconocer que lo que constituye o conforma las vidas de aquellas personas que buscan nuestra ayuda también constituye lo que solemos llamar nuestro trabajo, y que lo que conforma nuestro trabajo también constituye nuestras vidas en general.

Reconociendo esto, nos percatamos de que si no nos encargamos de identificar, reconocer y articular las formas en que este trabajo cambia nuestras vidas, marginamos a las personas que buscan ayuda, las definimos como "otras". Con este proceso de identificación, articulación y reconocimiento de hasta dónde nos cambia la vida este trabajo, no estoy proponiendo ningún gesto grandioso, o, para el caso, que nos alabemos por lo que hacemos. Más bien sugiero que reconozcamos:

- El privilegio que experimentamos cuando las personas nos invitan a sus vidas de varios modos, y los efectos reales de este privilegio en nuestras vidas.
- La inspiración que experimentamos en este trabajo cuando presenciamos cambios en las vidas de las personas, a pesar de que las probabilidades en contra son enormes.
- La experiencia de asociaciones nuevas y especiales que enriquecen nuestras vidas.
- La alegría que experimentamos cuando nos enteramos de la medida en que las personas son capaces de intervenir en sus vidas

para llevar a cabo los cambios preferidos, y cuando nos unimos con ellas para celebrar estos logros.

• Las metáforas especiales que las personas nos expresan, y que nos brindan herramientas para pensar otras situaciones.

• El modo en que esta interacción nos permite extender los límites de nuestro pensamiento y llenar algunos de los vacíos de nuestras propias narrativas.

• La contribución de otras personas a la hora de sustentar nuestra visión y nuestra energía.

Este reconocimiento juega un papel esencial en el desmantelamiento de la jerarquía del saber y la jerarquía de la capacidad de saber. Usurpa el acuerdo terapéutico que se da por sentado. Ahora, no creo que esto se logre a costa nuestra. Cómo podría significar una pérdida cuando nos brinda una nueva forma, diferente, de interacción terapéutica, y nuevas posibilidades, diferentes, de trabajar con aquellas personas que buscan nuestra ayuda. De hecho, he argumentado en otras ocasiones que este reconocimiento en realidad *sustenta* nuestro trabajo y refuerza nuestro interés por la vida de la gente y nuestra curiosidad por ver que las cosas ocurran de un modo diferente.

Quizá debería aclarar un poco más el modo en que este reconocimiento nos sustenta. ¿Alguna vez han experimentado lo que se conoce como agotamiento? ¿Alguna vez les ha parecido extenuante o cansado su trabajo? ¿Alguna vez han sentido que su trabajo no llegaba a ninguna parte o que carece de propósito? ¿Ha habido periodos en su vida como terapeutas que caracterizarían como "pedalear en el agua" o en los que apenas "se pueden mantener a flote"?

Si su respuesta a cualquiera de estas preguntas es afirmativa, entonces me aventuraría a conjeturar que en esos momentos perdieron contacto con la sensación de ahondar en nuestro desenvolvimiento más atesorado en el trabajo. Si una experiencia positiva de la orientación que toma nuestro trabajo, del hecho de que nuestra vida como terapeutas está avanzando, o de que la viabilidad de nuestros objetivos depende de esta sensación de ahondar en los derroteros que preferimos en nuestro trabajo —y creo que así sucede—, entonces estoy seguro de que no reconocer los modos en que este trabajo cambia nuestras vidas influye mucho en negarnos aquello que sostiene nuestro esfuerzo. ¿Cómo experimentar que nuestras vidas de terapeutas van por buen camino si no hacemos lo necesario para identificar, reconocer y articular nuestra experiencia transformadora de vidas que constituye la naturaleza de nuestras interacciones con los demás? Si no lo reconocemos, esto nos lleva a una sensación de pérdida y desesperanza. Lo que quiero sugerir es que siempre tenemos opciones. Podemos reconocer que no trabajamos de manera solitaria sino que trabajamos en colaboración con otras personas. De otro modo, no nos queda otra que tomar prozac todos.

ÉTICA DEL CONTROL

He argumentado la imposibilidad de pensar que el contexto terapéutico es, de algún modo, sacrosanto; pensar que ocupa un lugar privilegiado, lejos de la cultura en general. He argumentado también que la conciencia del grado en que la cultura de la terapia reproduce la cultura dominante nos puede ayudar en nuestra búsqueda de una postura terapéutica que no sea totalmente cómplice de la cultura dominante; una postura terapéutica que contribuya a revisar el contexto terapéutico y nos abra nuevas posibilidades para disentir. Creo que podemos de alguna manera extender esta conciencia y revisar el contexto terapéutico:

- Explorando la ética que predomina en nuestra cultura moderna.
- Entendiendo el vínculo existente entre esta ética y las utopías del orden social.
- Revisando el desarrollo de las prácticas modernas que la gente asume para manejar sus vidas.

Por dónde podríamos empezar este proceso. Si exploramos la ética dominante en la vida de las clases media y media alta —la gran mayoría de la clase laboral—, es muy difícil evitar la confrontación con la ética moderna de control y con las nociones contemporáneas de acción responsable. En relación a la ética, me gustaría citar a Sharon Welch (1990):

Asumimos que ser responsable significa poder asegurar que los objetivos propios se lleven a cabo. Actuar significa determinar lo que pasará debido a esta sola acción, asegurarnos de que se cumplirá un curso particular de eventos. Este entendimiento de la acción responsable lleva a una terrible parálisis de la voluntad a la hora de enfrentar problemas más amplios, más complejos. Cuando la gente se enfrenta con un problema demasiado grande como para prever el futuro o resolverlo a solas, es frecuente que parezca natural simplemente no hacer nada. (p. 3).

Aquí me gustaría explorar las formas en que esta ética de control, y el reporte de acción responsable asociado con ésta, constituyen tan a menudo las vidas de las personas que brindan terapia, de las que buscan su ayuda y de la misma interacción terapéutica.

En estos tiempos modernos, se ha vuelto cada vez más difícil evitar la atracción por la idea de que podemos provocar, mediante acciones independientes y decisivas, transformaciones precipitadas en las vidas de aquellas personas que buscan nuestra ayuda. Gran parte de nuestra formación se orienta hacia esta noción particular de acción responsable, y mucho de lo que se publica tiende a asumir esta ética de control. Pero esta noción compromete severamente nuestra capacidad como terapeutas para persistir ante los problemas y desafíos de gran magnitud. Si nuestra definición de acción responsable nos incita a creer que podemos contribuir de forma independiente, decisiva e inmediata a la resolución de un problema, a la precipitación de algún resultado que deseemos, entonces se vuelve sumamente difícil actuar cuando vemos que el tamaño del problema es abrumador, cuando enfrentamos situaciones construidas como irresolubles, o cuando luchamos en contra de las poderosas fuerzas que respaldan el *statu quo*.

Si por un lado exploráramos los vínculos entre las prácticas terapéuticas basadas en la ética del control y la definición de acción responsable asociada con esta ética y, por otro, nuestra experiencia de la interacción terapéutica, no me cabe duda de que tomaríamos conciencia del vínculo entre nuestras prácticas terapéuticas y la "parálisis de la voluntad" reflejada en la desesperación, la desmoralización, la fatiga, la resignación, el cinismo, el agotamiento y el hastío que tan a menudo reportan los terapeutas. Vuelvo a citar a Sharon Welch (1990), esta vez acerca de la desesperación:

> Pero la desesperación del pudiente, la desesperación de la clase media tienen un tono particular: es una desesperación amortiguada por el privilegio y enraizada en el privilegio. Es más fácil renunciar a un cambio social a largo plazo cuando se está cómodo en el presente —cuando es posible

tener un trabajo estimulante, un excelente servicio de salud y de vivienda, y acceder a las bellas artes. Cuando la buena vida está presente o a nuestro alcance, existe la tentación de desesperarnos de que no siempre esté al alcance de los demás y simplemente recurrir a disfrutarla con la familia [...] Desanimarse tan fácilmente es el privilegio de quienes acostumbran a tener demasiado poder, de quienes acostumbran a cubrir todas sus necesidades sin que les cueste trabajo y sin tener que negociar, de quienes acostumbran a tener un sistema político y económico que responde a sus necesidades. (p. 15).

Aunque en un principio parezca paradójico, Welch propone que nuestras posiciones relativas en el orden social determinan en realidad la medida en que experimentamos esta "parálisis de la voluntad"; existe una relación directa entre el grado en el cual experimentamos esta parálisis de la voluntad y nuestra ubicación en las jerarquías del privilegio, del saber y del poder. Así, podemos asumir que los hombres son más propensos a experimentar esta parálisis que las mujeres, las razas blancas más que otras razas, los miembros de la comunidad heterosexual más que los miembros de las comunidades homosexuales y lesbianas, y demás. Sin embargo, sospecho que muy pocas personas podemos estar totalmente exentas de los efectos de esta ética de control y del reporte de la acción responsable.

Sobra decir que muchas de las personas que buscan nuestra ayuda tampoco están exentas de esta ética de control, y esto hace que sea extremadamente difícil para ellas moverse hacia los cambios que tanto quieren lograr en sus vidas. Si el éxito sólo se puede definir como una transformación inmediata de las circunstancias de una persona, entonces esta ética invariablemente incapacita. Actúa para ocultar de la vista de las personas los pequeños pasos que podrían haber dado para establecer un contexto más favorable a los cambios, o más apto a preparar el camino para los cambios considerados deseables. Esta ética hace virtualmente imposible que las personas reconozcan y abracen la importancia de tales pasos. Impide que se relacionen con cualquiera de los eventos que son los más brillantes de sus vidas. Así, el cambio se frustra muy a menudo, y la resignación y la desesperación son los resultados.

Estas personas sufrirán una doble carga si en sus intentos por obtener ayuda tienen primero que desafiarnos y ayudarnos a romper con nuestros hábitos de pensamiento y de acción asociados con esta ética de control —incluida la "parálisis de la voluntad". Yo creo que, con frecuencia, esto termina sucediendo para que la terapia proceda.

Implicaciones para la terapia

Una revisión de la ética de control y del reporte de acción responsable que la acompaña nos da la libertad de confrontar la resignación y la desesperación que podríamos experimentar en nuestro trabajo con las personas que llegan a consulta. Este análisis nos permite apreciar mucha de esta resignación y desesperación como el resultado de cierta arrogancia que la ética de control impone. El análisis también nos brinda la oportunidad de reconocer y confrontar nuestros privilegios (en mi caso, los de hombre blanco, de clase media y heterosexual) como el contexto de esta resignación y desesperación y, al hacerlo, nos enfrenta con nuevas posibilidades para quebrar la "parálisis de la voluntad". Cuando entendemos que el tipo de influencia propuesto por la ética de control no es viable, nos animamos a explorar nociones alternas de acción responsable.

Al desafiar la ética de control y su reporte de acción responsable es más posible ayudar a las personas a identificar, aceptar y reconocer los pasos que podrían dar, o a explorar las opciones que tienen a disposición para generar contextos más favorables para los cambios que desean; aquellos pasos que sientan las bases para nuevas posibilidades en sus vidas. Si trabajamos por romper con la ética de control, podemos reconocer y nombrar mejor las voces disidentes, y respetar y nombrar aquellas acciones que constituyen una resistencia al orden social dominante.

Al cuestionar esta ética del control, descubrimos que somos hábiles para reconocer las interpretaciones y negociaciones de vida, únicas para cada una de las personas, y que tenemos más habilidad de animarlas a hacer lo mismo. Descubrimos que tenemos más capacidad de revelar el sentido de agencia personal que conllevan estas interpretaciones y negociaciones de vida únicas. Descubrimos que podemos llegar a ser más activos en trazar los relatos alternos de su historia personal y de la historia de sus relaciones, asociadas con todo esto. Así, nos será posible también yuxtaponer las tramas culturales dominantes e impuestas con las contra-tramas de las vidas de las personas, con sus historias de resistencia.

Cuando las personas que nos consultan han experimentado formas de explotación, de abuso y dominación, articular y enfatizar las contra-tramas de sus vidas las lleva a darse cuenta de que las fuerzas de dominación sólo tuvieron un éxito parcial. Cuando se percatan de que sus vidas no han sido conquistadas del todo, y que no fue fácil esta conquista, este reconocimiento tiene un efecto crucial sobre la vida de las personas y es crítico a la hora de desarrollar posibilidades para ulteriores actos de resistencia.

Este reconocimiento establece una base diferente para la acción. Welch lo asocia con la ética del riesgo. Esta ética es una base de acción que no está enraizada en la certeza sino en entender que los resultados no se pueden asegurar, ni siquiera predecir. Ésta es una base para la acción responsable que se conjunta con el reconocimiento de que el control es imposible. Es una base para la acción responsable enraizada en valorar los recursos de los que pueden depender las personas para profundizar unas en otras; una base para la acción responsable basada en el entendimiento de que las personas no actúan solas en lo tocante a lo moral, que no están fuera de los contextos de rendición de cuentas y colaboración.

Responsabilidad

Nuestra forma de ver la responsabilidad enfatiza la rendición de cuentas. Implica que nos comprometamos a establecer la terapia como un contexto en el que nos responsabilizamos con aquellas personas que buscan nuestra ayuda; donde nos responsabilizamos de nuestras formas de pensar, de lo que hacemos y de las consecuencias o efectos reales de nuestras interacciones con aquellas personas que buscan nuestra ayuda.

En este contexto, no podemos asumir una posición de neutralidad. No es un contexto que podamos reclamar como un espacio libre de relaciones de poder y de sesgos asociados con nuestra ubicación en el mundo social. No es un contexto donde podamos considerar una posición "objetiva" en el trabajo; donde podamos trascender nuestras formas de ser y pensar basadas en la cultura, la clase, la raza y el género. Al revés, es un contexto de responsabilidad, de rendición de cuentas, que nos alienta a:

- Visibilizar ciertos aspectos de las formas de ser y pensar que se dan por sentadas y hacernos más conscientes de nuestros sesgos.
- Reconocer el lugar que ocupamos en el mundo social, y los privilegios y límites de entendimiento asociados con este lugar.

- Reconocer los supuestos y propósitos asociados con las metáforas que guían nuestro trabajo.
- Transgredir los límites de nuestro pensamiento para entrar en lugares alternos de la cultura.

Este contexto también alienta a las personas que llegan a consulta a:

- Confrontar los límites de los entendimientos de sus terapeutas y a expresar su experiencia con estos límites.
- Reconocer los entendimientos y experiencias de vida, únicos, que pertenecen a su ubicación en el mundo del género, raza, clase y cultura.

Esta noción de responsabilidad enfatiza la responsabilidad con los efectos reales de nuestras acciones e interacciones en el contexto mismo de la terapia.

Patologización

Me refiero también al tipo de responsabilidad que incluye la negación a involucrarnos en las políticas que totalizan y marginan las vidas de las personas, la negación a entrar en los expansivos discursos de la psicopatología que tanto saturan la cultura de la terapia. (¿Ya te pusiste al día?: TOD, Trastorno oposicional desafiante, y TD, Trastorno Desafiante; creo que el último es incluso peor que el primero).

Involucrarse en estos discursos de expertos en psicopatología es una cuestión política en varios sentidos. Primero porque estos discursos internalizan el centro neurálgico de los problemas que las personas traen a terapia; borran las fuerzas históricas constitutivas de estos problemas y niegan un análisis político del contexto que constituye el problema. En resumen, estos discursos de la psicopatología invisibilizan la política de la experiencia. Esto tiene el efecto de incapacitar a las personas que buscan nuestra ayuda. La patologización de la vida sustrae de la agencia personal. Tiene el efecto de privilegiar los conocimientos de los expertos descalificando la capacidad de saber de las personas que buscan nuestra ayuda. Sustrae del sentido de agencia personal y casi imposibilita que las personas identifiquen, abracen, reconozcan y expandan sus actos de resistencia ante esas fuerzas históricas y procesos políticos, constitutivos de los problemas por los que buscan consultar.

Además, al transitar los discursos de los expertos de la psicopatología, y al perfeccionar la reproducción de estos discursos en sus interacciones con otras personas, las terapeutas y los terapeutas se involucran en una forma muy peculiar de presentar su "sí mismo" que les concede mucho prestigio moral en las instituciones y las comunidades de personas particulares. En estas instituciones y comunidades, se discriminan y marginan otras posibles formas de hablar de la vida. Estos modos modernos de hablar de la vida constituyen rituales modernos de exclusión.

En tercer lugar, los expertos discursos en psicopatología contribuyen a una "psicologización" de la vida que actúa como panacea para nuestras preocupaciones como terapeutas. Dado que esta psicologización sirve para oscurecernos la medida en que los problemas que las personas traen a terapia están enlodados en las políticas de las relaciones —las prácticas de poder y las estructuras de dominación—, puede resultarnos cómoda hasta cierto punto. Tener la posibilidad de definir ciertos problemas como aberraciones y no como producto de nuestros modos de vida y pensamiento, nos evita encarar nuestra complicidad en la preservación de aquellos aspectos de vida y pensamiento que constituyen los problemas mismos que las personas traen a terapia.

Tomemos, por ejemplo, las terapias para hombres que perpetran abusos. Patologizar a estos hombres, verlos como aberrantes me permitiría, como hombre, esconder el vínculo que existe entre la violencia de estos hombres y las formas dominantes de ser y pensar de los hombres en esta cultura que valora la agresión, la dominación y la conquista. Me permitiría, como hombre, evitar confrontarme con los modos en que podría yo ser cómplice en la reproducción de estas formas dominantes de ser y de pensar. Me permitiría, como miembro de la clase masculina, evadir la responsabilidad que tengo de contribuir al desmantelamiento del privilegio masculino que perpetúa la desigualdad; de contribuir a la desestabilización de las estructuras de opresión y desafiar las diversas prácticas de poder que subyugan y marginan a otras personas. Y me permitiría seguir dejándole a las personas menos poderosas la responsabilidad de plantear cuestiones de descalificación, de discriminación. Me permitiría dejar en sus manos el actuar para ponerle fin a todo esto.

Cuarto, la psicologización de la vida que se consigue con los conocimientos profesionales respalda la idea de la objetividad de la persona que facilita la terapia y preserva el mito de su imparcialidad, desapego y neutralidad. Esta psicologización de la vida se logra mediante una red de verdades universales que oscurece el hecho de que los saberes profesionales son propios de una cultura y el nivel en que éstos son manufacturados según procesos históricos y políticos específicos. Si revisamos los efectos reales de las prácticas de psicologización en nuestras interacciones con las personas que nos consultan, podemos discernir la medida en que estas prácticas:

• Invisibilizan nuestra posición de terapeutas en los mundos de género, raza, clase, etnicidad, y demás.

• Evitan que nos enfrentemos con la responsabilidad moral y ética de los efectos o consecuencias reales de nuestras interacciones con las personas que buscan nuestra ayuda.

• Nos ayudan a desconocer nuestra complicidad en la producción de los mundos que compartimos con otras personas.

• Nos alientan a abrazar la idea de que nuestros pensamientos y acciones pueden estar libres de la "contaminación" derivada de nuestra posición cultural y social en el mundo, y al hacerlo apoyan la misma dicotomía sujeto-objeto que preserva las jerarquías de saberes, de capacidad de conocimiento y de poder.

EL RELATIVISMO

Algunas críticas a los desarrollos recientes de la teoría social —los que nos alientan a romper con la ética de control, que nos desafían a zafarnos de las ideas fundacionales sobre la naturaleza del mundo, incluidas las ideas utópicas acerca de una vida ideal en un estado ideal— argumentan que esto no nos deja otra opción que abrazar el relativismo. Comúnmente estas críticas argumentan que el relativismo no da bases para la acción. Que no existe una verdad fundacional a la que podamos referirnos para actuar; que no podemos recurrir a la naturaleza del mundo, ni a ninguna ley universal; que no podemos respaldarnos en la religión y que no hay garantía sobre los resultados.

Algunos pensadores post-fundacionalistas, que conciben el relativismo como una idea radical, estarían de acuerdo con estas consideraciones y, de hecho, nos conminan a celebrarlas. Argumentan que la única base para la acción es la subjetividad. Aquí, argumentaré que el relativismo es claramente conservador, y que la noción misma de relativismo como base para la vida es, en sí misma, un resultado de la ética de control.

El relativismo es conservador porque ignora la inequidad en el acceso a recursos; ignora las estructuras de poder que privilegian ciertas voces sobre otras, las reglas que dictan qué formas de discurso se valoran, quién puede hablar de qué y en qué circunstancias. El relativismo sirve para legitimar la dominación sobre otros, y preserva el *statu quo*. Asume que el actor individual puede ser un agente moral y de alguna manera, es ciego ante la naturaleza constitutiva de cualquier acción. El fundacionalismo es conservador porque es normativo. Desde nuestra perspectiva, en vez de abrazar el relativismo quisiéramos proponer un examen de los efectos reales de éste, para poder ver más claramente sus objetivos.

Diría que la idea de basar la acción en verdades fundacionales y la idea de basar la acción en nociones relativistas, ambas forman parte de la ética de control. Ambas proponen que la base para la acción es un asunto individual. Y es precisamente el tipo de acción que yo no quiero proponer. Propongo acciones basadas en una ética diferente, una ética de la rendición de cuentas. Éste es un argumento que piensa las acciones como procesos. Son acciones que emergen de interacciones materiales con personas situadas en lugares diferentes de esta cultura. Estas acciones no se basan ni en fundacionalismos ni en relativismos. Esta ética podría guiar nuestro trabajo de múltiples formas:

1. Podríamos asumir la tarea de construir estructuras que nos ayuden a responsabilizarnos moralmente de los efectos reales de nuestras interacciones en la vida de los demás.

2. Podríamos establecer contextos que nos ayudaran a criticar las ideas normativas que tenemos.
3. Podríamos identificar las estructuras de poder y de dominación y actuar para desmantelarlas.
4. Podríamos reconocer que sólo se puede llegar a una crítica moral adecuada mediante nuestras interacciones materiales con personas y con diferentes comunidades de personas, mediante la interacción de principios, normas y modos de ser diferentes.

Sin lugar a duda, las bases para la acción pasan por el diálogo, pero no por cualquier diálogo.

CONCLUSIÓN

A veces me preguntan, como a ustedes: "¿Por qué das terapia?" Durante mi formación en trabajo social, en pleno apogeo del pensamiento estructuralista, animaban a los estudiantes a psicologizar sus motivos para integrar lo que llamaban entonces una "profesión de ayuda". Invariablemente, esta psicologización se traducía en una patologización del motivo. ¿Nuestros motivos para dedicarnos al trabajo social tendrían que ver con cuestiones no resueltas en nuestra familia de origen? ¿Con una relación "enredada" con nuestra madre y con la intensidad de su intervención por ser útil? ¿Tendrían que ver con una falta de cercanía en la relación con nuestra madre? ¿Con un intento por rectificar nuestro sentimiento de no lograr ser útil? ¿Con el rechazo de las expectativas de nuestro padre? ¿O con la ausencia de expectativas de su parte? Y, ¿cuál era el interés escondido, inconsciente y no reconocido que satisfacíamos con esta decisión? ¿Cuál de todas nuestras necesidades neuróticas se cubrían con esta decisión? (O el cuestionamiento centrado en lo reforzado —el paradigma estímulo-respuesta). Una vez hice una encuesta y descubrí que hacían exactamente el mismo tipo de preguntas —que patologizan el motivo— a las personas que ingresaban a otras profesiones también llamadas de ayuda. Así que estoy seguro que muchos y muchas de ustedes pueden usar su experiencia y agregar preguntas a esta lista.

Que me interesara la terapia, y la terapia familiar en particular, fue visto como la confirmación de algunas de las sospechas inherentes a este tipo de preguntas. Sin embargo, siempre se me ocurrió que este tipo de preguntas apuntaban a interpretaciones muy conservadoras de los motivos, y que las interpretaciones tenían consecuencias reales en las carreras de muchas de las personas que habían elegido trabajar en este campo.

En aquel momento, la meta consciente tenía bastante mala prensa (y, debo añadir, aún la tiene), al punto de que asumir una meta consciente se consideraba irrelevante. Conectar motivos para elegir estas carreras con algún tipo de compromiso era muy sospechoso. Se consideraba que las nociones de compromiso se enraizaban en una actitud defensiva y que mantener dichas nociones sólo se podía atribuir a una falta de perspectiva.

Ahora bien, esta psicologización del motivo parecía particularmente extraña en un momento en que Australia se involucraba en la guerra de Vietnam, si consideramos que muchos de nosotros estábamos involucrados en la protesta por la participación de Australia y Estados Unidos en esta guerra. A pesar de algunas escisiones, muchos estudiantes y otras personas se galvanizaron en esta protesta, y gran parte de las acciones eficaces que se tomaron resultó de esa galvanización. Las declaraciones de propósito consciente y las nociones de compromiso parecían esenciales para este logro; no se les patologizaba, se les reconocía. ¡Se imaginan lo que habría pasado con el movimiento si nos hubiéramos sentado a psicologizar nuestras razones para involucrarnos en estas protestas!

La mayoría de ustedes saben la magnitud de la desmoralización experimentada por las personas que trabajan en las profesiones de ayuda. Desde luego, esta desmoralización tiene muchas raíces. Únicamente he mencionado unas cuantas. No puedo evitar pensar que otro factor muy significativo en esta desmoralización es la psicologización y la patologización de los motivos —actitudes predominantes en las últimas dos o tres décadas. Creo que estas interpretaciones tuvieron efectos reales en la constitución de nuestras vidas como terapeutas; son efectos profundamente conservadores, que contribuyen a la "parálisis de la voluntad" que mencioné antes.

Entonces, quizá sea tiempo ahora de hallar nuevos modos de declarar nuestros propósitos conscientes, y de elevarlos de modo que sean constitutivos de nuestras vidas y nuestro trabajo. Tal vez haya llegado el momento de reclamar las nociones de lo que significa un compromiso y encontrar juntas y juntos cómo ayudarnos a reconocer y respetar dichas nociones (hablo del compromiso para enfrentar la injusticia, no de comprometerse con ideales utópicos).

Espero entonces que expresar lo que todo esto significa para mí nos lleve a algún lugar. Pero me gustaría compartir una opinión más al respecto, una opinión que también tiene que ver con otro relato de nuestros motivos, que no sea patologizante. Una vez, Michel Foucault dijo en una entrevista:

El principal interés, en la vida y en el trabajo, es volverse alguien que no éramos al principio. Si uno supiera, al empezar un libro, lo que va a decir al final, ¿creen que tendría el valor de escribirlo? Lo que es cierto para la escritura y para una relación amorosa, también es cierto para la vida. (1982, en Martin *et al.*, 1988, p. 9).

Me gusta este sentimiento y me gustaría traducirlo de este modo: si supieran, al principio de una interacción terapéutica, dónde se hallarán al final —si conocieran de antemano las particularidades del modo en que esto va a cambiar su vida— ¿creen que tendrían el valor de continuar?

CAPÍTULO 4
La "contratransferencia" y el enriquecimiento de los relatos

A veces, la terapia remueve a quienes la ejercen: pueden sentir desconcierto, dolor, decepción, desaliento. Pueden sentir emociones fuertes hacia la gente que les consulta, y atribuirles intensiones negativas. En algunas consultas los terapeutas se ven sometidos a actos de poder que los descalifican o demeritan. Otras veces, las experiencias dolorosas son el resultado de lo que se conoce como "contratransferencia": la persona que brinda terapia dirige emociones reprimidas, a menudo olvidadas, hacia la gente que va a consulta. En el primer caso, es importante ayudarla a identificar y nombrar las manipulaciones de poder que sufre quien brinda terapia, y alentarle a que encuentre formas adecuadas de responder explícitamente a este hecho develado y revelarlas en el contexto de la conversación terapéutica. En el segundo caso, el fenómeno de "contratransferencia" puede ser el punto de entrada para un enriquecimiento de la multiplicidad de los relatos.

EL ENRIQUECIMIENTO DE LOS RELATOS

Cuando alguien que se dedica a la terapia nos consulta sobre el fenómeno de la "contratransferencia", podemos considerar el hecho de que nos consulte como punto de entrada para el enriquecimiento de los relatos. Para empezar podemos alentarle a que identifique las expresiones a las que responde y lo que éstas revelan. Es importante que pongamos atención especial en indagar lo que sugieren estas expresiones en relación a lo que le da valor o atesora quien nos consulta. Por ejemplo:

• Una alusión directa a algo sumamente valorado.
• La expresión de un dolor por la ausencia de algo que era sumamente valorado.
• La expresión de dolor o sufrimiento que sugiere implícitamente algo valorado pero ausente.

Podríamos apoyar al terapeuta o a la terapeuta que nos consulta en el desarrollo de una rica caracterización de lo que se identificó como crucial. Y luego entrevistar a esta persona acerca de:

• Las imágenes de vida e identidad que se evocan en esta rica caracterización.
• Las resonancias en el relato de la experiencia vivida que activan estas imágenes.
• Lo que reflejan las resonancias respecto a lo que quien nos consulta valora en su historia de vida.
• Cómo ha mantenido una relación con lo que le es importante.

Esta exploración permite poner el escenario para reconocer mejor lo que se sigue valorando y el modo en que se ha preservado. También pone el escenario para que la persona que brinda terapia reconozca, ante las personas que la consultan en su práctica, las formas en que su vida ha sido tocada por las expresiones de esas personas.

Un ejemplo

En una junta de supervisión, Judy me habló de algo que la perturbaba en su trabajo con una familia recién llegada a su consultorio: en estas conversaciones, había experimentado lo que llamaba una "reacción psicológica negativa" bastante dolorosa, que no lograba resolver, pero no identificaba nada que pudiera justificar esta reacción negativa hacia la familia con la que estaba trabajando. En su esfuerzo por resolver este dilema, se dio cuenta de que había empezado a elaborar algunas interpretaciones negativas sobre las motivaciones de los miembros de la familia, pero al hacerlo, sentía que estaba traicionando sus propios valores.

Entonces la invité a entablar una conversación para buscar sentido en esta experiencia. La alenté a que intentara distinguir a qué *expresiones* de la familia estaba respondiendo —expresiones que podrían de alguna manera estar relacionadas con lo que llamaba "reacción psicológica negativa". Le pedí que describiera el tipo de *imágenes de vida e identidad* que estas expresiones podrían desencadenar. El tercer paso fue llevarla a especular qué aspectos de la historia de su experiencia vivida podrían estar resonando en esta expresión de la familia. Luego quise que reflexionara sobre cómo todo esto, de alguna manera, la *transportaba* o la movía.

Al esforzarse por encontrar lo que la hacía responder, Judy se percató de que la intrigaban algunas manifestaciones muy significativas de aceptación de la hija por sus padres. Algo parecido a una reunión ocurrió en el contexto de la conversación terapéutica: la hija se había distanciado de la familia y accedió a venir al encuentro. Judy presenció este reencuentro. Al describir las imágenes surgidas de este acontecimiento y rastrear de dónde venían, Judy se dio cuenta de cómo le despertaban sentimientos encontrados: recuerdos dolorosos del rechazo que había sentido por parte de sus propios padres. Le pregunté por qué era tan doloroso ese rechazo, y cómo había surgido el dolor en su trabajo con esta familia en particular. Judy verbalizó un anhelo de reconocimiento y aceptación; lo identificó como el origen de su dolorosa experiencia. Había anhelado ser reconocida y aceptada, pero era algo de lo que no estaba muy consciente y que rara vez había reconocido en público. Eso fue lo que la alteró tanto en la interacción con esta familia.

Siempre hay algo "ausente pero implícito" en lo que se alcanza a expresar —las experiencias de dolor psicológico están siempre *en relación* con algo. De algún modo la respuesta es testimonio de lo que la gente valora o atesora; el dolor siempre está *en relación* con algo. Así, el dolor de Judy era, de algún modo, un testimonio de lo que ella valoraba: el anhelo de ser reconocida y aceptada. Para mí estaba claro que Judy seguía aferrada a este deseo de reconocimiento y aceptación pese a las difíciles experiencias con su familia. Quise saber cómo había sostenido este anhelo a lo largo de su vida. Después de un rato de exploración conjunta, Judy empezó a recordar el vínculo que había tejido con la madre y el padre de una amiga de la escuela. Durante un tiempo, la incluyeron en aspectos de la vida familiar de tal forma que se sentía reconocida y aceptada. Pero todo terminó abruptamente cuando la familia de Judy se mudó a otra parte de la ciudad y perdió el contacto con la familia de su amiga.

Judy supuso que era posible averiguar el paradero de la madre y el padre de su amiga, y se entusiasmó con la expectativa de decirles lo importante que fue para ella que la incluyeran cuando era una niña. Algo, en ese acto de inclusión, la había ayudado a mantener una relación con su anhelo de ser aceptada. Anhelo que no había abandonado: algo a lo que se aferró. Pensaba que decirles cuánto la habían ayudado le permitiría expresar aún más su anhelo y reconocerlo. Esto seguramente la ayudaría. Pensó que reunirse con la familia de esta amiga de la escuela y reconocer el lugar que tuvo en su vida, reconocer el papel que jugaron estas personas en el hecho de que ella mantuviera este anhelo, la transportaría a otro plano. También planeó reconocer, frente a los miembros de la familia con quien trabajaba, cuánto habían influido en su vida. Después de una búsqueda mínima, Judy se contactó con los padres de su compañera de la escuela: el encuentro fue maravilloso. Cuando terminó su trabajo con la familia, pudo reconocer cuánto habían contribuido en su vida. Este encuentro le permitió asumir este anhelo y a su vez la hizo explorar un renovado sentido de su intimidad y su calidez personal.

Para mí, este relato muestra lo que podemos aprender de la "contratransferencia". Me interesa mucho este fenómeno. Me interesa lo que hace reaccionar al terapeuta y me interesa cómo hablar de sus experiencias perturbadoras o dolorosas, en referencia a lo que valora. Como mencioné, siempre hay algo "ausente pero implícito": las cosas que nos "alteran" siempre lo hacen en relación con algo que debería tranquilizarnos. Y siempre me interesa saber qué podría ser eso. Por eso entrevisté a Judy en relación a las *imágenes de vida e identidad* evocadas. Quería saber qué *resonancias en su historia personal* dispararon estas imágenes. También quería saber lo que reflejaban de lo que *para ella era valioso,* y cómo había *mantenido una relación* con lo que valoraba. Esto fue el primer paso hacia un reconocimiento, aún más amplio, de lo que Judy había guardado, como terapeuta, todo este tiempo. También sentó las bases para que reconociera, frente a esta familia, cómo habían tocado su vida. Lo que intento sugerir aquí es que las "contratransferencias" pueden abrir la puerta al enriquecimiento de los relatos y vastos reconocimientos.

CAPÍTULO 5

Las resistencias
y la responsabilidad
del terapeuta

Resistencia es una interpretación que asignan las personas que brindan terapia para explicar amplio rango de fenómenos. Por ello, es más apropiado hablar de resistencia en plural —referirse a las "resistencias". Interpretar algo como resistencia puede, por ejemplo, aplicarse cuando actuamos de forma inapropiada porque nos falta sensibilidad a los contextos culturales y étnicos de la vida de las personas; por tener una conciencia limitada del ámbito político de la cultura local: como todo eso político implícito en la raza, la clase, la dominación heterosexual, el género (incluida la reasignación de género), la desventaja, y la marginación debida a la deshabilitación y la privación de derechos; porque suscribimos inadvertidamente las normas del mundo contemporáneo que descalifican la diversidad en la vida cotidiana de las personas; porque imponemos explicaciones teóricas de la vida, con las que la gente no se relaciona; porque proponemos soluciones discordantes con lo que la gente valora e intenciona en su vida.

En estas circunstancias, la "resistencia" es una señal para que hagamos una pausa con el fin de consultar a la gente que busca nuestra ayuda, o a otros terapeutas, y así lograr reconocer, de entrada, la relevancia de esta resistencia. Se trata de que las personas cobren mayor conciencia de estas consideraciones, poniendo en el centro de la conversación la necesidad de considerar las dificultades que la gente trae a la terapia y su experiencia con la terapia misma. Tenemos que buscar modos de proceder más incluyentes.

La idea de que existe una resistencia es también, a menudo, una interpretación ante lo que percibimos como un rechazo de nuestros esfuerzos por ayudar a las personas a realizar los cambios que realmente desean. Existen muchas formas de explicar el fenómeno, incluso las que aseveran que la resistencia se debe a que las personas están decididas a preservar el *statu quo*.

LA NATURALEZA DEL CAMBIO

Los cambios que se le exigen a las personas para abordar exitosamente sus dificultades son por lo común, bastante significativos. Y cambiar aspectos significativos de nuestra vida es un logro sofisticado. Es un logro que requiere que las personas atraviesen el espacio entre lo conocido, lo familiar de sus vidas hacia lo que es posible para ellas conocer y hacer (un espacio que a menudo se presenta como un abismo). Un segundo aspecto requerido es conseguir un sentido más refinado de la agencia personal.

La agencia personal es resultado del desarrollo de un sentido de sí mismo asociado con la percepción de que somos capaces de influir de algún modo en la forma de nuestra propia vida; es decir, la sensación de que podemos intervenir en nuestra propia vida, siendo agentes de lo que valoramos y de nuestras intenciones, y de que el mundo responde aunque sea mínimamente al hecho de nuestra existencia. Según el psicólogo ruso Lev Vygotsky, el espacio entre lo conocido, lo familiar, y lo que es posible conocer y hacer puede entenderse como "zona de desarrollo próximo". En sus investigaciones, Vygotsky (1986) se centró sobre todo en el aprendizaje en la niñez temprana, pero el concepto de "zona de desarrollo próximo" es relevante para el aprendizaje a cualquier edad y etapa.

LA ZONA DE DESARROLLO PRÓXIMO

Para Vygotsky, cualquier aprendizaje es un logro social y relacional; es el resultado de una colaboración social que contribuye al andamiaje de esta zona de desarrollo próximo. En este andamiaje, las personas reciben ayuda en las tareas de aprendizaje manejables conforme se distancian progresiva y gradualmente de lo conocido y familiar y se acercan a lo que es posible conocer y hacer. Esas tareas de aprendizaje se pueden clasificar de la siguiente forma:

1. Tareas de nivel de distanciamiento bajo, que animan a las personas a describir objetos y sucesos específicos de sus mundos.
2. Tareas de nivel de distanciamiento medio, que animan a las personas a relacionar estos objetos y eventos en cadenas de asociación —o "complejos"—, que establezcan nexos y relaciones entre estos objetos y eventos.
3. Tareas de nivel de distanciamiento medio alto que animan a las personas a reflexionar en las cadenas de asociación y a extraer lo que se aprendió y comprendió en relación con algunos fenómenos en particular.
4. Tareas de nivel de distanciamiento alto, que animan a las personas a abstraer lo comprendido y aprendido de sus circunstan-

cias específicas y concretas elaborando conceptos acerca de la vida y la identidad.

5. Tareas de nivel de distanciamiento muy alto, que animan a predecir el resultado de acciones específicas basadas en el desarrollo de este concepto y a planear y poner en marcha dichas acciones.

El proceso de desarrollo del concepto, resultado de un aprendizaje en colaboración, proporciona la base principal para que las personas regulen su propia vida y sus relaciones; es el que sienta las bases para el sentido de agencia personal.

LA PRÁCTICA TERAPÉUTICA

La tarea de la terapia consiste en contribuir al andamiaje de la zona de desarrollo próximo. Este andamiaje permite que las personas se distancien gradual y paulatinamente de lo conocido y familiar hacia lo que pueden conocer y hacer.

Las acciones que se podrían interpretar como un rechazo de nuestros esfuerzos cuando buscamos ayudar a las personas a hacer los cambios deseados por ellas, son expresiones de la medida en que (1) las personas quedan atrapadas en lo conocido y familiar y (2) no experimentan el tipo de colaboración social que podría "andamiar" eficazmente la zona de desarrollo próximo. En esta circunstancia, debemos estar conscientes de que no hemos estado tan presentes en lo que atañe a nuestras habilidades de andamiaje o de que ya llegamos a los límites de estas habilidades en la consulta con ciertas personas en relación con ciertos asuntos.

Algunos fenómenos, a menudo entendidos como "resistencia", sirven para alertarnos o para iluminar los límites de nuestras habilidades como terapeutas; nos animan a explorar formas de rebasar dichos límites. Me gustaría dar un breve ejemplo.[1] Trabajé con un joven que tenía muchos problemas; lo consideraban una persona con poca capacidad de darse cuenta y de pensamiento concreto. Pensaban que no podía prever las consecuencias de sus actos. Tenía problemas con la policía, en la escuela, con su familia —y la familia ya estaba considerando proponer que alguien más lo adoptara. Cuando me senté con él y su familia y le hice algunas preguntas, me quedó claro que mi papel era crear el andamiaje para ir de lo que le era familiar a lo que podía llegar a conocer y hacer: no tenía ningún *concepto* acerca de la vida o la identidad de donde partir para lograr la agencia personal, para intervenir en la configuración de su propia vida.

En esta conversación, por primera vez le dio valor a una palabra que conocía. Voy a narrar cómo sucedió. El joven estaba escindido de su familia, y quise saber cuáles eran para él las consecuencias de esto. Nunca las había verbalizado; nunca las había relacionado con sus acciones. Entonces lo invité a reflexionar sobre la experiencia de estar escindido de su familia y sobre las consecuencias de esta escisión. Dijo que no se sentía muy contento al respecto. Por primera vez tenía una base sobre la cual reflexionar. El siguiente paso fue preguntarle *por qué* no estaba contento, y únicamente alzó los hombros. Entonces le pregunté a su madre: "Bueno, ¿por qué cree que Freddy no se siente bien?". Ella respondió, "por lo que se va a perder". Y pregunté, "¿y qué se va a perder?" y ella respondió, "pertenecer". Luego volteé y le pregunté a Freddy: "¿Te hace sentido lo que dice ella?". Asintió con la cabeza y por primera vez usó la palabra "pertenecer". Entonces le pregunté: "Bien, Freddy, ¿qué quieres decir con *pertenecer*?", y poco a poco se fue apropiando de este concepto. Al final de la entrevista, habló de cómo toda la carga de violencia que ejercía sobre la vida de otras personas "le arrebataba" la posibilidad de pertenencia, y dijo que no le hacía bien que algo le arrebatara su sentido de pertenencia. El *pertenecer* se había vuelto un concepto para él. Ahora tenía un fundamento desde donde actuar en relación a todas las dificultades que sus actos y su violencia habían ocasionado.

Creo que es nuestra tarea contribuir al andamiaje de la zona de desarrollo próximo. Los andamiajes brindan a la gente la oportunidad de adoptar palabras familiares y transformarlas en conceptos de vida y de identidad. De acuerdo con Vygotsky, es el *desarrollo del concepto* lo que nos permite proseguir con la vida. Nos permite, de algún modo, regular nuestra vida.

Uno de los puntos que quisiera resaltar es que muchas veces interpretamos como "resistencia" el que las personas que nos consultan experimenten *un no ser capaces de conocer* o experimenten un no ser capaces de *saber qué hacer*. Creo que es nuestra responsabilidad. Creo que si las personas sienten que no son capaces de saber somos, de alguna manera, responsables; no les hemos brindado suficiente andamiaje para que sepan, de verdad, lo que podrían saber de su propia vida. Entonces pienso que esto nos anima a reflexionar sobre lo que estamos haciendo: quizá hemos sido un tanto negligentes en desplegar todas nuestras habilidades. O quizás nos estemos enfrentando a nuestros límites en saber proporcionar este tipo de andamio, y debamos encontrar modos de rebasar esos límites consultando a las personas con quien trabajamos y otras. Creo que muy a menudo se interpreta como "resistencia" que la persona que consulta no tenga ni la menor idea de cómo llegar a su destino desde el lugar donde se encuentra. Hay un abismo. Creo que es muy importante que les brindemos una colaboración que les permita distanciarse gradual y paulatinamente de lo conocido, lo familiar, para revelar lo que podrían llegar a conocer. Así, creo que el concepto de "resistencia" en realidad nos alienta a reflexionar sobre nuestras habilidades para realizar nuestro trabajo.

NOTAS

1. En el capítulo 8 se relata a detalle este caso.

SEGUNDA PARTE

Temas específicos en la terapia

CAPÍTULO 6

Acerca de la anorexia

ENTREVISTA CON MICHAEL WHITE

Quienes se dedican a la terapia narrativa y trabajan con personas que intentan reclamar sus vidas y salir de la anorexia nerviosa, suelen usar en este trabajo prácticas de externalización. ¿Nos puede explicar la importancia de estas prácticas en este contexto?

Las conversaciones de externalización ayudan a la gente a caracterizar cualquier problema que enfrenten. Esta caracterización ocurre acercándonos a la experiencia de la persona. Las personas sienten respaldo cuando encuentran sus propias palabras y metáforas para alcanzar esta caracterización. Uno de los propósitos de ayudar a las personas a alcanzar esta caracterización, es volver tangible lo que suele estar más o menos intangible. Sin esta caracterización, los problemas como la anorexia se pueden percibir como problemas omnipresentes. Si los problemas como la anorexia continúan intangibles, es casi imposible que las personas distingan la esfera de influencia del problema, y distingan dónde empieza y dónde termina. Gracias a las conversaciones de externalización, la gente logra ver que los problemas tienen límites. Estas conversaciones contribuyen a caracterizar el problema marcando sus fronteras o límites. El problema se vuelve una entidad distinta y el resultado es que deja de representar la totalidad de la vida de una persona.

¿El objetivo es nombrar el problema de forma distinta?

Creo que es importante, durante los primeros momentos de estas conversaciones de externalización, que pasemos tiempo "rondando" el problema para que no sólo se nombre sino que se enriquezca la caracterización. Según mi entendimiento uno de los objetivos primordiales de estas conversaciones es desarrollar una caracterización enriquecida, vasta y externalizada del problema. Durante el proceso, el problema se suele nombrar de mil formas. Según mi experiencia, casi nunca se nombra de una sola manera.

"Anorexia nerviosa" es el término usado comúnmente para abarcar algo contra lo que luchan muchas mujeres y algunos hombres. Así que al inicio de las conversaciones de externalización, las personas suelen usar este término como si cubriera la complejidad del término. Pero nadie tiene la misma experiencia frente a la anorexia nerviosa, e invariablemente, la gente recurre a muchas otras descripciones en estas conversaciones de externalización. Pueden incluir términos como "perfeccionismo", "meticulosidad" o "expectativas". A medida que las conversaciones se desarrollan en las sesiones terapéuticas, las definiciones externalizadas se derivan a través de una gama de descripciones. Esta deriva es el fruto de la atención que fluye mientras apoyamos la generación de definiciones cercanas a la vivencia, y que resultan las más relevantes para los encuentros presentes de la gente con su problema.

¿Qué sigue de aquí?

Este tipo de investigación, que contribuye a caracterizar los problemas, alienta a la gente a orientarse hacia sus problemas asumiendo la tarea de "periodistas de investigación". Luego, podemos ampliar este rol apoyando a la gente a desarrollar un relato detallado de las consecuencias de la anorexia nerviosa (u otro término preferido), de las operaciones y actuaciones que entraña el problema, y de las consecuencias de estas formas de operar y actuar en la vida de las personas. El relato de estas consecuencias podría reflejar la "agenda" que entraña el problema para la vida y relaciones de la persona.

Si las personas desarrollan aún más esta tarea de investigar, podemos animarlas a develar los contextos de vida que promueven la anorexia nerviosa. Sería develar los discursos de vida e identidad que fomentan la anorexia nerviosa, incluidas las prácticas del sí-mismo, las prácticas de relación asociadas con dichos discursos, y la complicidad de las instituciones sociales. Las conversaciones de externalización son muy adecuadas si queremos visibilizar el rango político de estas fuerzas en la experiencia de las personas. Creo que es esto una prioridad en nuestras prácticas terapéuticas.

¿Qué tipo de metáforas emerge en estas conversaciones de externalización para describir la relación de la persona con la anorexia nerviosa?

Una consideración clave es evitar la imposición de metáforas que describan la relación de la persona con la anorexia nerviosa. El desarrollo de las conversaciones de externalización no propone que introduzcamos una caracterización preconcebida del problema ni una caracterización preconcebida de la relación que mantiene la persona con éste. Las personas emplean un rango de términos para definir los problemas que nos traen a la terapia, y un rango de metáforas que caracterizan su relación con los problemas. En el contexto de las conversaciones de externalización, alentamos a las personas a desarrollar estas metáforas cuando definen su relación con los problemas que tienen. También, las animamos a supervisar las consecuencias de usar esas metáforas en su esfuerzo por abordar estos problemas. No creo que debamos, como terapeutas, asumir el papel principal en la definición de las relaciones que las personas guardan con sus problemas.

No creo que debamos imponer metáforas para definir la relación de las personas con sus problemas. Más bien creo que tenemos una gran responsabilidad en cuanto a qué metáforas asumimos. Por ejemplo, una persona puede usar metáforas de batalla o contienda para describir su relación con la anorexia —"estoy luchando por sobrevivir", "es una lucha a muerte", "tengo que vencer la anorexia". Pero no son las únicas metáforas adoptadas por las personas a la hora de definir su relación, ni las únicas metáforas que definen el objetivo. Es común que la gente use otras metáforas, y es importante que las escuchemos. Por ejemplo, a la par de las metáforas de contienda, las personas hablan de rescatar su vida de la anorexia nerviosa, lo cual es una metáfora de "recuperación". Una persona puede también hacer mención de sus dudas en torno a las restricciones que implica el modo de vida anoréxico, y formularlas con metáforas de protesta. También puede hablar de salvamento, lo que implica una metáfora marina. En la conversación, puede que escuchemos algo que apunte a una metáfora geológica — como que la persona hable de búsqueda y proponga pasos que socaven la influencia de la anorexia nerviosa. En mi experiencia las personas suelen emplear varias metáforas para caracterizar su relación con los problemas y la tarea que deben cumplir.

¿Se asocian todas estas metáforas con diferentes efectos, posibilidades y riesgos?

Sí. Las metáforas que las personas asumen para caracterizar su relación con los problemas moldean sus acciones y su experiencia significativamente. Estas metáforas también tendrán gran influencia en la intensidad de la relación que la gente guarda con sus problemas. En el contexto de abordar la anorexia nerviosa, las metáforas de batalla y de contienda impulsan una relación intensa con el problema. Estas metáforas hacen que la gente se involucre mucho con la anorexia nerviosa. Otras impulsarán un involucramiento mucho menos intenso que puede conducir a que se asuma la postura de periodistas de investigación que ya mencioné.

Esta postura impulsa una relación más desapegada con el problema. Aunque quien investiga y reporta suela tener una agenda política, no traba contiendas contra algún adversario. En el contexto de las conversaciones terapéuticas en torno a la anorexia nerviosa, esa postura permite que la gente exponga ampliamente el problema, los discursos que se le asocian, las operaciones y actividades vinculadas a los discursos y que dependen de éstos, junto con el contexto sociopolítico del problema. Cuando hablo de distanciarse, no me refiero a una posición "académica" en la que uno se distancia de su propia experiencia. Al contrario, estas conversaciones de externalización permiten que las personas visibilicen el ámbito político de su experiencia y lo expresen de un modo más completo. La postura de periodistas de investigación también brinda una plataforma que posibilita la toma de decisiones en cuanto a los pasos a seguir para recobrar sus vidas, socavar la influencia de la anorexia, protestar contra lo que les exige ésta, o emprender cualquier tarea definida por las metáforas alternas.

Las tribulaciones asociadas con la anorexia nerviosa —relacionadas a la imagen corporal, a los pensamientos, los deseos, a las expresiones emocionales, la postura, los gestos, etcétera— suelen fomentar una relación bastante intensa entre la persona y el problema. Las metáforas que intensifican la forma en que la gente se involucra con la anorexia nerviosa conllevan el riesgo de contribuir a la posibilidad de que ésta se vuelva una fuerza distractora aún mayor.

¿Pero, qué pasa si las personas mismas se describen en lucha por su vida o en guerra con la anorexia nerviosa?

A veces, las personas que experimentan la anorexia nerviosa usan metáforas que evocan batallas, conquistas, o una lucha por la sobrevivencia. Tales metáforas pueden representar la anorexia como un tirano que trata de oprimir su vida. Y es importante que respetemos cualquier experiencia que tenga que ver con "luchar por sobrevivir". Cuando digo que me preocupan estas metáforas de lucha/contienda, no sugiero que las descalifiquemos si la gente las usa para definir su relación con el problema. Creo que podemos reconocer estas experiencias, y apreciar la importancia que tiene para la gente el definir su relación con el problema. Pero existen riesgos asociados a privilegiar ciertas metáforas descuidando las demás metáforas que se usan para definir la relación con el problema y la tarea que hay que alcanzar.

Uno de los riesgos que corremos es el de intensificar la relación de la persona con la anorexia. Pero existen otros riesgos. Por ejemplo, si queremos remontar el problema, entonces, qué pasa si vuelve a surgir, aunque sea más suavemente. ¿El que resurja el problema será percibido como haber perdido la batalla o fracasado en la contienda? De ser así, esto podría reforzar sin querer una sensación de desesperanza o de futilidad, de fracaso personal, incapacidad o incompetencia. Muchas de estas metáforas de lucha/contienda tienen el riesgo de contribuir a aislar todavía más a la persona ya que su modo de vida anoréxico de por sí la está aislando de las otras personas. Desarrollar aún más estas metáforas puede llevar a una mentalidad amurallada que a su vez puede exacerbar la sensación de vulnerabilidad y de aislamiento. También creo que tenemos que preocuparnos por los aspectos éticos de contribuir a la formación de metáforas de lucha/contienda en el contexto de las conversaciones terapéuticas. ¿Queremos contribuir a la formación de discursos de vida moldeados por metáforas de lucha y contienda?

Si una persona caracteriza su relación con la anorexia nerviosa en términos de lucha o contienda, es posible ser respetuosos con esta representación y valorarla plenamente sin contribuir a que se desarrolle todavía más. Aunque las metáforas de lucha o contienda estén muy presentes en una conversación, también habrá otras, y pueden no ser tan peligrosas.

¿Por qué es significativo no contribuir a una "mentalidad amurallada"?

Si no somos cuidadosos, involuntariamente podemos incrementar con nuestras respuestas la sensación de aislamiento y vulnerabilidad que cargan las personas que luchan contra algún problema, podemos intensificar su sensación de susceptibilidad, en vez de reducirla. Como terapeutas, por ejemplo, podríamos caer en lo anterior involuntariamente si nuestras contribuciones en las conversaciones terapéuticas terminaran siendo discursos de victimización. Una persona puede expresar que se siente escindida de sus amistades debido a un trauma sufrido o debido a la percepción de que estas personas no entienden, o por sentir que sus amistades tienen la expectativa de que se recupere muy pronto. Puede que terminemos fomentando una sensación de aislamiento y vulnerabilidad si respondemos a las dificultades de la persona que nos consulta subrayando las fallas de las amigas y amigos, o erigiéndolas como una especie de traición o descalificación. Exacerbar este sentido de vulnerabilidad puede conducir al desarrollo de lo que he llamado una "mentalidad amurallada", donde la persona siente que siempre está amenazada de ser invadida por las fuerzas negativas del mundo externo. Cuando actuamos de esta forma, nos centramos en la vida de la persona, y reducimos su sentido de agencia personal.

El potencial que tienen las conversaciones terapéuticas de contribuir involuntariamente al aislamiento, a la sensación de vulnerabilidad, y a una "mentalidad amurallada", es algo de lo que todas las personas dedicadas a ser terapeutas debemos estar muy conscientes. Esto es crucial si las personas que llegan a consulta son personas que lidian con la anorexia nerviosa.

Siempre que en las conversaciones terapéuticas se desarrolla una mentalidad amurallada, hay la tendencia de que la persona que consulta se construya como "víctima" o como "héroe". Ambos conceptos pueden debilitarla. Un "sí-mismo héroe" puede ser también un concepto aislante. Si las personas se representan como héroes o heroínas que enfrentan a adversarios abrumadores, esta construcción puede contribuir a fomentar una imagen ideal de un "sí-mismo perfecto" —dueño de sí mismo, independiente, autosuficiente, etcétera. Estas formas de entender la identidad pueden ser muy limitantes y aislantes de las personas, y están ligadas con los modos mismos de entender la vida que desde un principio contribuyeron a desarrollar la anorexia.

¿Qué pasa si la persona valora ciertos aspectos de la anorexia o del modo de vida anoréxico?

Es raro que las personas asuman una postura radical, sin matices, respecto a un problema. Cuando las personas se involucran en conversaciones de externalización, caracterizan el problema, y relatan las consecuencias de éste en sus vidas. Luego usamos sus aseveraciones para reflexionar y caracterizar aún más el problema. Se puede hacer preguntas como, "qué dice esto de las intenciones que entraña el problema para tu vida —sus propósitos o planes a futuro". Luego entrevistamos a la persona en torno a su experiencia con el problema y sus consecuencias. Muy a menudo, la persona no se posiciona radicalmente. La mayoría de las veces se siente atraída por algunos aspectos de las consecuencias del problema y rechaza muchos otros. No es una posición total.

Es muy importante reconocer este punto. Significa que estamos privilegiando las voces de estas personas, brindando relatos de su experiencia que den cuenta de toda su complejidad. Las personas alcanzan a hablar de los aspectos problemáticos de la anorexia o de su modo de vida (el aislamiento, hasta dónde les limitan las consecuencias del problema en cuanto a lograr estar presentes física, intelectual, mental, y socialmente, en la vida). Pero a menudo las personas también son capaces de hablar de algunos aspectos de la vida asociados con la anorexia nerviosa que se vinculan con ciertas estéticas de vida que las atraen mucho. Estas estéticas de vida están vinculadas con lo que intentan y valoran en su vida. Si no queremos enajenar a la gente del contexto terapéutico, es muy importante darle su importancia a estas distinciones.

¿Qué pasa cuando le conferimos importancia a estas distinciones?

Tener que estar totalmente a favor o totalmente en contra de la anorexia les dificulta mucho a estas personas su situación. Si tienen que tomar una posición total, les puede provocar mucha ansiedad y gran aprensión para cualquier paso que vayan a dar para desafiar esos aspectos de la anorexia que les son problemáticos.

Si nos abrimos, en la terapia, a la posibilidad de que haya gente joven que valore de manera positiva algunos aspectos de un modo de vida anoréxico, entonces las conversaciones de externalización se pueden enriquecer mucho. Una de las razones para esto es que si las y los terapeutas juegan un papel reconociendo lo que las personas valoran de ese modo de vida, entonces se volverá mucho más fácil que ellas aclaren qué aspectos no valoran, qué aspectos las limitan, las detienen, o les impiden estar presentes en la vida. Estos discernimientos pueden ir de la mano.

Para algunas personas que luchan contra la anorexia, es muy importante sentir que la vida es como una obra de la belleza. Esto es afín a la idea de que la vida puede ser una obra de arte. Reconocer esto puede ser muy polémico. Pero, algunas personas se sienten muy atraídas por estéticas de vida que se relacionen con aspectos del modo de vida anoréxico.

Mediante cuidadosas conversaciones terapéuticas, las personas logran describir y hablar de esos sentimientos de vida que valoran y a los que aspiran. Podemos reconocer estos sentimientos de vida y desarrollarlos, mientras posibilitamos que las personas se liberen de los aspectos de la anorexia nerviosa que les limitan tanto y amenazan su vida.

¿Por qué es importante descubrir los sentimientos de vida que estas personas valoran y a los que aspiran?

Como en cualquier otra consulta terapéutica, escuchar lo que la gente valora, sienta las bases para colaborar con ellas. Es imposible que el modo de vida de alguien concuerde del todo con los aspectos de la anorexia nerviosa que amenazan la vida. Siempre habrá expresiones vitales que contradicen estos aspectos amenazantes y limitantes, aunque en un principio nos cueste ubicarlos. Aparte de caracterizar y articular las operaciones y actuaciones que entraña el problema, es bastante crucial que logremos escuchar algunas de las expresiones de vida que desarmonizan con el problema.

Estas expresiones alternas tienen su fundamento en lo que las personas privilegian, en lo que pretenden para sus vidas. Y desde las conversaciones terapéuticas podemos trazar la historia social y relacional de lo que se valora. Estas habilidades y saberes particulares se desarrollaron en la historia de sus relaciones con otras personas. Por lo tanto, estas conversaciones nos brindan la oportunidad de identificar otras voces con las cuales estas personas comiencen a sentirse más acompañadas. Es esencial este proceso de enriquecimiento de los relatos preferidos de identidad y cómo se vinculan con las vidas de otras personas significativas, pues ofrece otro territorio donde posicionarse, un territorio más libre de las limitantes que impone la anorexia nerviosa.

A medida que avanza el proceso de re-autoría vemos a menudo la posibilidad de vincular con las tramas alternas algunos de los sentimientos de vida que atrajeron a la persona hacia un modo de vida anoréxico. Si alguien valora la vida como obra de la belleza, como una obra de arte, podemos llegar a tramas que engendren conectividad en vez de aislamiento, que lleven a las personas a cuidarse a sí mismas en lugar de buscar el dominio de sí mismas. Trazar una historia social y relacional de los sentimientos de vida que valoran las personas, les permite plantarse en otro territorio de identidad. Éste es un territorio de identidad desde el cual estas personas pueden dar pasos, con la ayuda de otras, para reclamar su vida despojándola de los aspectos muy negativos de la anorexia nerviosa.

CAPÍTULO 7

Las responsabilidades

EL TRABAJO CON HOMBRES
QUE HAN PERPETRADO VIOLENCIA

Este capítulo esboza un enfoque para trabajar con hombres que han perpetrado violencia en contra de mujeres.[1] Ofrece algunos de los supuestos que orientan nuestro trabajo, proporciona un "mapa" para guiar las conversaciones con estos hombres e incluye documentación sobre ciertos aspectos de estas conversaciones.

CONSIDERACIONES DE SEGURIDAD Y COLABORACIÓN

Antes que nada, es importante reconocer que en el trabajo con hombres que han perpetrado violencia en contra de mujeres, lo primero es asegurar la seguridad de las mujeres y los niños. Antes de involucrar a los hombres en el tipo de exploraciones descritas en este capítulo, tomamos medidas para proteger la seguridad de las mujeres y de los niños. Es más, para evaluar de modo permanente los efectos de nuestras conversaciones con hombres, se requieren procesos de rendición de cuentas que respondan a la experiencia de las mujeres y los niños (ver Hall, 1994; Tamasese y Waldegrave, 1993; Tamasese, Waldegrave, Tuhaka y Campbell, 1998; White, 1994). Estas consideraciones son el telón de fondo del enfoque de trabajo con hombres que describimos a continuación.

SUPUESTOS DE PARTIDA

Los supuestos descritos en este capítulo no totalizan a los hombres que perpetran violencia. Los supuestos que no totalizan abren espacios para que los hombres que perpetran violencia experimenten una identidad que no esté definida por sus actos de abuso, y para que se responsabilicen hacia estos actos de abuso. Estos supuestos incluyen que:

> • Los hombres que me son referidos porque han perpetrado violencia no son los promotores originales de las técnicas de poder que emplean.
> • Los hombres que me son referidos porque han perpetrado violencia no son los autores de las construcciones identitarias de los hombres, mujeres y niños asociadas con sus comportamientos abusivos.

Estas técnicas de poder y estas construcciones identitarias son respaldadas por discursos de la cultura "de los hombres".[2] Estos discursos se caracterizan, entre otras cosas, por pretensiones de verdad dotadas de un estatus de realidad objetiva y consideradas universales. Son alegatos de "verdad" acerca de la identidad de los hombres, de las mujeres y los niños (por ejemplo, sobre la masculinidad); acerca de la naturaleza de la vida y el mundo (por ejemplo, sobre la "naturaleza" de las relaciones de género); acerca del orden de las cosas en el mundo, incluida la clasificación de la importancia (de la naturaleza de los derechos de los hombres, por ejemplo).

Estos discursos de la cultura de los hombres también se caracterizan por reglas que privilegian ciertos saberes de esta cultura, y que sitúan los saberes de las mujeres y de los niños muy abajo en la jerarquía del saber. Incluyen reglas acerca de lo que cuenta como conocimiento "legítimo", acerca de quién podría poseer este conocimiento, de dónde debe situarse éste, de las circunstancias bajo las cuales este conocimiento se puede expresar y del lugar desde el cual se pueden expresar.

Cómplices y reclutas de la dominación

Suponer que los hombres que perpetran abuso no fueron quienes originaron estas técnicas de poder ni son los autores de estas construcciones de identidad y género, nos lleva a la perspectiva de situarlos como cómplices de los proyectos de dominación que moldean estos discursos. También nos lleva a la idea de que estos hombres son reclutas, y que como reclutas, fueron educados en estas formas abusivas de ser.

Suponer que estos hombres son cómplices y reclutas no atenúa el reconocimiento de que son individualmente responsables de los actos de tiranía que perpetraron en las vidas de otras personas. Pero sí nos lleva a la conclusión de que es nuestra responsabilidad como hombres (como comunidad de hombres):

- Enfrentar y responder al abuso.
- Explicitar los discursos de la cultura de los hombres.
- Emprender procesos de reparación.
- Desarrollar formas de ser en el mundo y en relación a los demás que no impliquen explotación ni abuso.

Las responsabilidades

Cuando nos reunimos con hombres que han perpetrado abusos, es útil pensar en términos de "responsabilidades". Reconocer la responsabilidad de uno por los actos de tiranía que ha perpetrado en la vida de otros, y reconocer las consecuencias de estos actos es una responsabilidad individual. Estas otras responsabilidades recaen en los hombres y en el enfoque que proponemos aquí, a los individuos que nos son referidos por perpetrar abusos se les unen otros hombres para que juntos asuman estas responsabilidades. Estos supuestos conforman el desarrollo de un enfoque:

- Que no genere vergüenza ni lleve a confrontarse con otros (es decir, un enfoque que muestre los modos en que los hombres se confrontan con otros, incluidos los terapeutas).
- Donde sea poco probable que estos hombres experimenten la totalización de sus identidades.
- Que establezca el contexto para que los hombres critiquen sus propias acciones y formas de pensar abusivas.

CONCIENCIA DEL TERAPEUTA ACERCA DE LAS TÉCNICAS, PRÁCTICAS Y CONSTRUCCIONES DE DOMINACIÓN

Los terapeutas que trabajan con hombres que perpetran abusos han aprendido mucho sobre:

- Las técnicas que rutinariamente emplean los hombres para reducir su culpabilidad (minimizar, negar, culpar y excusar, por ejemplo).

• Las prácticas de poder explícitas y encubiertas (la reinterpretación de la historia del sujeto y el aislamiento del sujeto; la utilización de inconsistencias; el trato de excepción hacia algunos individuos, incluidos los terapeutas; los métodos de intimidación; las prácticas de evaluación de los demás, etcétera).

• Las construcciones de vida e identidad de género asociadas con estas prácticas de poder (por ejemplo, actitudes específicas, mentalidades, perspectivas, puntos de vista y formas de pensar).

Estos aprendizajes pueden expresarse de un modo que deje claro que el terapeuta no es ingenuo respecto a estas técnicas, prácticas y construcciones. Por ejemplo, al ser sujeto a prácticas de poder encubierto (como la excepcionalización del terapeuta —"Usted es la única persona que puede entender de verdad"— o el uso de la "mirada", que invierte el foco de la conversación terapéutica), el terapeuta puede sugerir una revisión de lo que está sucediendo en el contexto de la conversación y que entorpece el buen curso de ésta. Por ejemplo:

Está ocurriendo algo interesante en esta conversación. En un inicio, el foco de nuestra conversación estaba en tus acciones, y ahora este foco se invirtió muy sutilmente, y estamos hablando de mí, de que soy la persona adecuada para ayudarte. Ya experimenté esto antes, y lo he registrado como una práctica de poder que impide que avancemos. De hecho, elaboré una lista de las estrategias que usan en estos casos y que pueden llegar a impedir que estas conversaciones terapéuticas sean de provecho. Voy a recuperar esta lista y sugiero que la trabajemos juntos, porque nos va a ayudar a detectar cualquier otro obstáculo en el desarrollo de nuestro trabajo. Si estás de acuerdo, cada vez que detecte uno de estos obstáculos, te voy a pedir que consultemos la lista de nuevo y hablemos de cómo nombrar y eludir este obstáculo. Así, podemos investigar juntos.

Externalizar las técnicas, prácticas y construcciones de la dominación

Otra opción para sentar las bases de conversaciones más productivas es invitar a la externalización de estas técnicas, prácticas y construcciones. Se puede invitar a los hombres a referirse a su experiencia del mundo abundando en estas técnicas, prácticas y construcciones. Estas técnicas son las que reducen el sentimiento de culpabilidad, las prácticas explícitas y encubiertas del poder, y las construcciones de vida e identidad asociadas con estas prácticas que los hombres han presenciado en el mundo, desde el contexto de la comunidad local y hasta el ámbito de la política mundial. Es lo que llamo "llegar a una dimensión macro del problema". El siguiente "mapa" de conversación ofrece una guía para este proceso. Busca que los hombres se hagan cargo de los actos de violencia o de los abusos que cometieron, se responsabilicen de generar propuestas de reparación y enmienden lo que se pueda enmendar. Las categorías descritas aquí son avenidas de exploración. La responsabilidad es el *resultado* de estas exploraciones, no su punto de partida.

LLEGAR A UNA DIMENSIÓN MACRO: EXPOSICIÓN DE LAS
TÉCNICAS Y PRÁCTICAS DE DOMINACIÓN (DISTANCIA)

Podemos invitar a los hombres a referir sus experiencias del mundo y lo que han visto, estableciendo una relación con las técnicas y prácticas de dominación. "¿Cuáles son las opciones que tiene un hombre que pretende dominar a mujeres y niños? ¿De qué técnicas y prácticas de dominación y de coacción dispone?". En esta exposición, se documentan las estrategias de dominación. Esta documentación incluye los lugares y momentos en los que los hombres han presenciado estas prácticas.

EXPOSICIÓN DE LAS ESTRATEGIAS, TÉCNICAS
Y PRÁCTICAS DE ABUSO (CERCANÍA)
Luego podemos entrevistar a los hombres sobre esas técnicas, prácticas y construcciones de las que han sido cómplices y animarlos a identificar los procesos de reclutamiento a los que han estado sujetos a lo largo de la historia de sus vidas. Podemos usar los documentos generados como andamiaje para alguna conversación que nos diga si alguna de las acciones del hombre refleja que fue instrumento de esta cultura de dominación, o cómplice de ella. Podemos preguntarle si reconoce, en mayor o menor grado, alguna de sus acciones en esta lista. El hombre puede calificar, en una escala del uno al diez, el grado en que se ha involucrado con las técnicas y prácticas de dominación. Mientras quede claro que no es el autor de estas tecnologías de poder o de esas prácticas de abuso, podemos reconocer y documentar juntos todos los actos que implican ser cómplice de esta cultura. Este proceso sirve para contextualizar los actos de los hombres. No los excusa, ni los instala en una identidad totalizada de "hombres abusivos". Un hombre no puede asumir la responsabilidad de un abuso si se identifica como "hombre abusivo". Este proceso crea espacios para que empiece a reflexionar sobre los modos en que puede haber sido cómplice de la cultura de dominación, o instrumento de esta cultura de dominación.

EXPOSICIÓN DE LAS CONSTRUCCIONES, SIGNIFICADOS Y
ACTITUDES USADAS PARA JUSTIFICAR EL ABUSO (DISTANCIA)
Podemos invitar a los hombres a desarrollar una exposición de las actitudes que han visto expresadas en la cultura de los hombres y que sirven para justificar los abusos sobre otras personas. No se trata de una conferencia, sino de provocar en los hombres observaciones en relación a las actitudes de supremacía y potestades del varón, para brindar la oportunidad de nombrar, categorizar y documentar estas actitudes y constructos.

EXPOSICIÓN DE LOS CONSTRUCTOS, SIGNIFICADOS Y
ACTITUDES USADOS PARA JUSTIFICAR EL ABUSO (CERCANÍA)
Al reconocer que estamos en una conversación difícil, se abre la posibilidad de ayudar a la persona a desarrollar una exposición de los constructos, significados y actitudes que ha usado para justificar el abuso. Invitamos al hombre a identificar los constructos, significados y actitudes de los que ha sido instrumento o cómplice.

IDENTIFICACIÓN DE LAS EXPERIENCIAS QUE RECLUTARON
AL HOMBRE COMO CÓMPLICE, PARTÍCIPE O INSTRUMENTO DE
LA CULTURA DE DOMINACIÓN
Después, podemos entrevistar al hombre acerca de los procesos de reclutamiento de los que ha sido objeto a lo largo de su vida. "¿Cómo llegaste a estas prácticas de abuso? ¿Qué tanto has visto? ¿Cuándo fue la primera vez que presenciaste tales técnicas de dominación? ¿Cómo fue que te reclutaron para actuar de esta manera?". A lo largo de este proceso, tiene que quedar claro que el hombre no es el que originó estas estrategias, técnicas, prácticas, construcciones, significados y valores.

MAPEAR LAS CONSECUENCIAS A CORTO Y LARGO PLAZO DEL
ABUSO EN LAS RELACIONES Y SOBRE TODAS LAS PERSONAS QUE
PARTICIPAN DE LA RELACIÓN (DISTANCIA Y CERCANÍA)

Si se articulan las técnicas y prácticas de dominación, si se reconocen los constructos, significados y valores que se usan para justificar los abusos, si los hombres han tenido alguna oportunidad de identificar las formas en que fueron reclutados o cómplices de la cultura de dominación, los podemos ayudar a mapear las consecuencias de estas técnicas, prácticas y constructos. Este proceso puede empezar especulando sobre las consecuencias del abuso en sentido general, sin hablar directamente de los actos perpetrados por el hombre. Mientras avanza esta conversación, el terapeuta debe estar muy atento a cualquier señal que muestre que el hombre concede importancia a las consecuencias del abuso. La mayor parte de los hombres trata de minimizar la importancia de los efectos del abuso, así que si en algún momento le dan importancia a las consecuencias del abuso, esto nos da una oportunidad para investigar más a fondo. ¿Cómo logró atribuirle importancia?

Si seguimos este mapeo general de los efectos del abuso, podemos regresar a la lista de la dimensión macro que elaboramos antes, y a las técnicas y prácticas de abuso que el hombre ha identificado. Luego lo podemos entrevistar acerca de las consecuencias de esas prácticas en las vidas de todas las personas involucradas (mujeres, hombres, niños, la relación, etcétera) y en sus relaciones, tanto a corto como a largo plazo.

La idea de pedir una disculpa no tendrá ningún sentido hasta que el hombre le conceda importancia a las consecuencias del abuso. Si no logramos ese punto, los hombres tendrán muy pocas opciones de sanar lo que hay que sanar.

IDENTIFICAR LOS RESULTADOS ÚNICOS/LAS EXCEPCIONES:
DÓNDE "ESTABLECE LÍMITES" EL HOMBRE

En las primeras etapas de este mapa de la conversación, el terapeuta debe escuchar cada vez que el hombre pone límites: "Nunca haría esto". Siempre hay un límite para los hombres, siempre hay prácticas de las que nunca participarían. Al identificarlas, los terapeutas pueden responder con una investigación que no sea normativa. En vez de decir "Está bien", pueden preguntar "¿Cómo? ¿Por qué no? ¿Por qué no harías esto?". En cualquier momento, se puede regresar a los documentos que enlistan una serie de técnicas de dominación y preguntar "¿Por qué no estas otras técnicas? ¿Cómo? Me gustaría entender esto". Puede ser el punto de partida para crear conversaciones de andamiaje "¿Si esta afirmación no encaja con una cultura de control, entonces con qué cuadra? ¿Si escucharas a otro hombre hablar de esto, cómo lo llamarías?", etcétera. Si hay estrategias o actitudes de las que el hombre no ha sido cómplice, nos indican que tiene ciertos valores que contradicen algunos aspectos de la cultura de dominación. Estos son eventos extraordinarios. Son puntos de entrada a otros territorios de vida.

ENRIQUECER LA DESCRIPCIÓN DE OTROS
RELATOS/TERRITORIOS DE VIDA

Las categorías de investigación descritas hasta ahora contribuyen a la deconstrucción de los discursos de la cultura de los hombres. Es en el contexto de estas conversaciones que los hombres experimentan un grado de separación entre su identidad y sus formas abusivas de ser. En este espacio se pueden hallar puntos de entrada para desarrollar tramas subordinadas. Estos puntos de entrada se pueden encontrar en las respuestas a los "por qué" presentes en las conversaciones de externalización, en forma de eventos extraordinarios —o excepciones— se pueden obtener de lo que está ausente pero implícito en las expresiones de estos hombres.

En este punto, es posible usar una serie de prácticas narrativas para determinar la significación de estas excepciones, y para enriquecer la descripción de otras tramas de identidad, de otros territorios de vida. La tarea del terapeuta se vuelve ahora la de dar cuerpo a las actitudes o prácticas de vida que valora el hombre y que no encajan con las prácticas y actitudes abusivas. Siempre habrá una historia que el hombre valora, una historia relacionada, de algún modo, con otra forma de ser en relación a las mujeres y a los niños. Por ejemplo, puede que el hombre haya visto algo diferente en otra familia. Podemos proceder a hacer el trazo de la historia de ese algo a lo que el hombre confiere valor. Estos valores alternos se van a ajustar a otras ideas o creencias acerca de lo que sería prudente hacer y se van a ajustar con otras metas u otros sueños que la persona tiene para su vida. Estos otros valores no salen de la nada, por lo que la investigación histórica es fundamental.

Estas conversaciones de re-autoría son esenciales, porque le brindan a la persona un territorio alterno de vida e identidad desde donde pararse, desde donde criticar fuertemente sus propios actos abusivos y de explotación, y en donde comenzar a familiarizarse con otras formas de orientar sus relaciones con los demás y con el mundo. A medida que se dibujan los territorios alternos de identidad en el contexto de las conversaciones de re-autoría, los hombres empiezan a involucrarse con prácticas de relación que no son abusivas ni explotadoras y a desarrollarlas.

En el contexto de estas conversaciones de re-autoría, se desarrollan los significados de palabras como *responsabilidad, respeto, bondad*, etcétera, hasta que se vuelven conceptos acerca de la vida, principios de vida. El desarrollo de ese concepto sienta las bases para actuar de forma responsable y para la agencia personal.

VÍAS DE AVANCE: FORMULAR PROPUESTAS PARA LA REPARACIÓN
Y PARA ENMENDAR LO QUE PUEDE ENMENDARSE

Cuando los hombres tienen un territorio alterno donde pararse, se puede hablar de las formas de ir más allá. La resolución de los problemas es algo sumamente delicado. Para resolver un problema, las personas necesitan distanciarse de su propia experiencia inmediata. Deben ser capaces de:

- Elaborar hipótesis o especular sobre las acciones por venir (los pasos que pueden tomarse).
- Predecir las respuestas de otras personas a sus acciones.
- Desarrollar planes para saber cómo manejar contingencias (como las respuestas que desaniman, descalifican o demeritan lo que hicieron).

Es por tanto necesario ayudarlos a llegar a propuestas específicas en cuanto a las posibles formas de actuar, a las reacciones que podrían desencadenar sus acciones y a las formas de responder, a su vez, a esas reacciones. Este proceso de formulación de propuestas de acción debe priorizar la seguridad de las mujeres y de los niños y responsabilizar a los hombres ante aquellas personas que sufrieron su abuso. De lo contrario, el hombre podría desarrollar propuestas de acciones que para él representen ser más amoroso o cuidadoso en su relación, pero esto no significa necesariamente que las demás personas experimenten estas acciones como él lo asume.

Aquí hay que considerar varios puntos. Antes que nada, en este proceso, lo más importante es la seguridad de las mujeres y de los niños. Se requieren procesos de rendición de cuentas para asegurar que los intereses de las mujeres y de los niños siempre permanezcan en el centro (ver Hall, 1994; Tamasese *et al.*, 1998; Tamasese y Waldegrave, 1993; White, 1994). Si las mujeres no quieren participar de este proceso, no funcionará.

Segundo, no es justo poner a las mujeres en la posición de que sugieran propuestas de acción para los hombres sino que esta tarea de llegar a propuestas a las que puedan responder las mujeres les incumbe a ellos. Si un hombre propone algo que no funciona para su compañera, entonces le toca volver a trabajar la propuesta. Las mujeres nunca deben cargar con la responsabilidad de hacer propuestas de acciones para los hombres.

Se requieren propuestas muy específicas (que no sean genéricas) sobre:

- Las formas de ser en una relación.
- Actos de reparación.
- Ofrecimiento de disculpas.
- Diferentes formas de actuar en las relaciones que garanticen la seguridad de las mujeres y de los niños.

Este proceso involucra hablar de los pasos que deben seguir los hombres (y hacer propuestas al respecto) para garantizar la seguridad de las mujeres y los niños. Luego, hay que consultar a las mujeres y a los niños acerca de estas propuestas. En un principio, este proceso puede ser bastante tenso para la pareja, así que suelo recurrir a otra persona que represente a la mujer o buscar a otras personas que acompañen a las mujeres y los niños para responder a estas propuestas. Suelo también invitar a otros hombres a que se junten para que asuman la responsabilidad de desarrollar estas propuestas. Puede que estos hombres hayan dejado de ser cómplices de prácticas de abuso, o puede que sean miembros de la familia (abuelos, tíos, amigos de la familia) que concedan mucho valor a la seguridad de las mujeres y los niños y a las prácticas respetuosas.[3]

DOCUMENTACIÓN PARA AYUDAR A APARTARNOS DE UNA ÉTICA DEL CONTROL

Aquí, es importante incluir dos formas de documentos terapéuticos que es posible usar en el trabajo con hombres que han perpetrado violencia. El primero consiste en una carta que invita a los hombres a reflexionar rigurosamente en los modos en que sus acciones fueron influidas, a lo largo del día, por una ética del control o por una ética del cuidado.[4]

Estimado ________:

Lo que sigue es un breve resumen de algunas de las ideas que surgieron de nuestra conversación. No son inalterables, y lo más probable es que quieras modificar estos términos y hacer cambios en esta lista de elementos. Elaboré este documento en respuesta a tu petición de tener un mapa que viniera de ti. Al describir estas distinciones entre la ética del control y la ética del cuidado, no digo que siempre sea posible comprometernos con la ética del cuidado y excluir la ética del control. Pero en tus observaciones, queda claro que en este momento, tu vida pesa mucho más del lado de la primera, aunque tienes la habilidad de involucrarte más a fondo en expresiones de vida que reflejen los elementos del lado de la ética del cuidado. Creo que el ejercicio que propuse nos ayudará a sopesar tu vida más rápido y a brindarte un sentido de autenticidad cada vez más grande.

Toma, para este ejercicio, un diario, y traza una línea en medio de cada página. Dedica diario una hora para reflexionar sobre los eventos del día con el fin de clasificar tus acciones en las columnas de la izquierda o de la derecha. Pon especial atención en identificar los hábitos de pensamiento y acción que originan los elementos de expresión anotados en la columna de la izquierda. Luego, identifica los propósitos, valores, creencias, esperanzas y sueños que inspiran aquellos elementos de expresión y apúntalos en la columna de la derecha. En este ejercicio, sé muy honesto contigo mismo.

Atentamente
Michael White

ÉTICA DEL CONTROL	ÉTICA DEL CUIDADO
En mis términos	Confiar en los demás
Priorizar el control de uno mismo y/de otros	Priorizar la colaboración/ cooperación
Respuestas condicionadas	Sensibilidad hacia los otros
En automático	Espontaneidad
Visto como lo correcto	Honestidad en cuanto a la verdad y a las fallas personales
Emocionalmente desconectado	Emocionalmente conectado

ÉTICA DEL CONTROL	ÉTICA DEL CUIDADO
Sentirse con el derecho de...	Humildad
Los elementos que conforman la ética del control se basan en ciertos hábitos de pensamiento y de acción. Estos hábitos de pensamiento y acción pueden ser tóxicos y envenenar. Entregar su vida a estos hábitos hace que ésta se vuelva una herramienta de la ética de control.	Los elementos que conforman la ética del cuidado se basan en la integridad y en habilidades de relación que abren espacios para la propia vida y para la vida de los demás. Comprometerse con esta ética contribuye, por un lado, a que los propósitos, valores, creencias, esperanzas y sueños preferidos se vuelvan más congruentes, y por otro lado, contribuye a nuestras acciones.

DOCUMENTAR EL ENRIQUECIMIENTO DE RELATOS

Documentar las conversaciones también puede jugar un papel en el enriquecimiento de tramas subordinadas. No creo que lleguemos ni a la mitad de nuestras metas en el trabajo con los hombres que perpetraron violencia si no fomentamos el enriquecimiento de tramas subordinadas en las vidas de estos hombres. Cuando ellos empiezan a experimentar, en su identidad, un grado de separación de sus formas abusivas de ser, entonces pueden dar comienzo a las conversaciones de re-autoría. Como mencioné antes, estas conversaciones trazan las historias de ciertos valores del hombre que contradicen algunos aspectos de la cultura de la dominación. En el contexto de esta investigación histórica, las palabras como *amistad, lealtad, honestidad, bondad* y *cuidado* se desarrollan hasta volverse conceptos sobre la vida, principios de vida. También mencioné antes que este desarrollo del concepto es el que sienta las bases para que los hombres actúen buscando reparar los daños que han hecho y sanar lo que se puede sanar.

La carta que viene a continuación fue escrita para darle continuidad a una conversación que tuvo lugar en una cárcel de hombres de alta seguridad en Sidney, en una unidad anti-violencia. Todos los hombres de esta unidad tienen historias de actos de violencia. Y todos se ofrecieron a estar en esta unidad. La psicóloga encargada, Rachael Haggett, nos invitó a David Denborough y a mí a visitar la unidad y a llevar a cabo una serie de entrevistas. La siguiente carta recapitula una conversación de re-autoría que vinculaba los esfuerzos de Anthony por transformar las cosas en su vida en relación a algunas amistades y relaciones importantes. La carta resume también las reflexiones que brindó un grupo de testigos externos que respondieron a la entrevista.

Querido Anthony,

Me dio mucho gusto reunirme contigo ayer y que me presentaras, en nuestra conversación, a tu amigo David, a tu abuelo y a tu madre Susan. Esta carta es tan sólo una oportunidad para recapitular algunas de las historias de las que hablaste, y tener un registro escrito de ellas.

Hablaste tan claramente de cómo los esfuerzos que haces para cambiar las cosas en tu vida tienen que ver con tu amistad con David. Narraste que su muerte te afectó y que esto está contribuyendo a tu determinación por realizar cambios en tu vida. Hablaste de que no quieres ver lastimados a tus amigos.

Escuchamos sobre tu amistad con David en la infancia. Hablaste de los días en que jugaban futbol y de su amor por el deporte, y pudimos imaginarlos a los dos en el campo, juntos. Describiste a David como una persona "llena de vida, con un gran corazón". Suena como que también era muy divertido y que su sentido del humor realmente le dio algo a tu vida. Describiste lo que representó tu conexión con David en tu vida —"amistad, lealtad, honestidad, bondad y cuidado".

No sólo compartieron los buenos momentos. Hablaste de que tú y David tenían algo en común en relación a sus padrastros. Hablaste de lo frío que era contigo tu padrastro y parece ser que también esto era cierto para David.

Luego, cuando encarcelaron a la madre de David, él se vino a vivir contigo. Compartías tu ropa con él. Dijiste: "Podía contar conmigo" y "si me sentía triste, me ayudaba a animarme". Describiste los momentos en que te sentabas a esperarlo afuera de la cárcel mientras visitaba a su mamá. Y nos preguntamos lo que significaría para David tenerte allí para él en estos momentos. Escuchamos cómo se volvieron hermanos el uno para el otro.

También describiste la cercanía de David con tu madre, Susan. Y cómo, desde que estuviste en la cárcel, él la llevaba de compras. Sonaba como que no sólo fueron hermanos el uno para el otro, sino que David también se volvió un hijo para tu madre.

Luego escuchamos sobre tu abuelo, y me pareció un hombre muy interesante y amable. Nos narraste que los llevaba a ti y a David al futbol, dijiste que hablaba ocho idiomas, y que te ponía pruebas sobre todo tipo de cosas. Si respondías bien, te decía, "Diste en el blanco, muchacho".

Nos contaste que en estos años no eras violento, que estabas tranquilo, que trabajabas duro, que te encantaban los deportes. Hablaste de tu amistad con David. Contaste que cuando David estaba cerca, no te metías en problemas.

Escuchamos que las cosas comenzaron a salir mal después de la muerte de tu abuelo. Que en la misma época te metiste en una relación con una muchacha que se drogaba y que empezaste a tomar drogas. Dijiste que "tenía 15 años y fue cuando las cosas comenzaron a ir cuesta abajo".

Fue a partir de entonces que la violencia se volvió parte de tu vida. Dijiste que en este tiempo, David siempre trataba de "despertarte". Te visitaba en la cárcel, y valoraba tu vida.

Cuando mataron a David, quedaste en una encrucijada. Cuando tu abuelo murió, tenías 15 años y las cosas "comenzaron a irse cuesta abajo". Pero cuando mataron a David, parece que te fuiste por otro camino. Como si hubieras recogido un legado de tu abuelo y de David. Uno de los psicólogos que estaba escuchando dijo que era como si hubieras encontrado una piedra preciosa o una reliquia de familia que empezaste a pulir, a atesorar. Y que por eso estás trabajando tan duro en esta unidad, tratando de cambiar.

Hablaste de cómo ahora tratas de regresar a tu vida las cosas de cuando eras más joven —la "amistad, la lealtad, la honestidad, la bondad y el cuidado" que tenías con David.

Dijiste, "Lo quiero hacer por mi mamá". Dijiste que tu mamá había pasado por muchas cosas, que tú la hiciste pasar por tantas cosas, pero que empezó a ver los cambios en ti. "Ha visto muchos cambios", dijiste. Y que "tiene la esperanza de que ya desperté".

Hacia el final de la conversación, era como si David, tu abuelo y Susan estuvieran con nosotros en el cuarto. Dijiste que si David estuviera ahí probablemente diría: "¡Ya era hora de que salieras de eso!". Dijiste que estaría contento. Dijiste que tu abuelo probablemente diría: "Diste en el blanco, muchacho". Dijiste: "Se sentiría orgulloso, así como solía sentirse orgulloso de mí." Nos contaste algo más que tu abuelo solía decirte:

"Cuando trates de hacer algo difícil, piénsalo, tómate tu tiempo, y hazlo bien".

Luego de escuchar las reflexiones por parte del equipo que nos acompañó, hablaste de varias cosas que te llamaron la atención:

• La camaradería que había en mi amistad con David al principio.

• La calidez que describió un miembro del equipo.

• Cómo un miembro del equipo se pudo relacionar porque tampoco tenía padre.

• Cómo reconocieron el dolor.

• La imagen de la piedra preciosa.

• Para mí significó mucho que se emocionaran. Su comprensión marca la diferencia. Significa que voy a trabajar más duro.

Hablaste de cómo te llevarás esta experiencia contigo.

Nosotros también nos llevamos nuestra experiencia de encuentro contigo, Anthony. Gracias de nuevo por presentarnos a David, a tu abuelo y a Susan. Esperamos volver a verte más adelante, en este año.

Saludos afectuosos,
Michael White y David Denborough

Esta carta es el documento que se elaboró a raíz de una sola entrevista. No la incluyo por ser un ejemplo de trabajo eficiente a largo plazo sino porque ilustra las posibilidades que nos brinda esta práctica. Describe el tipo de proceso de re-autoría que puede enriquecer la descripción de relatos/territorios de vida que luego pueden sentar las bases para formular propuestas de reparación, para enmendar lo que hay que enmendar y prevenir daños mayores.

LAS RESPONSABILIDADES DE LOS HOMBRES
PARA TRATAR LA VIOLENCIA

En este capítulo describimos un enfoque de trabajo con hombres que perpetraron violencia. Desde este enfoque, la violencia no se percibe como aberración sino como algo íntimamente ligado a los discursos de la cultura de los hombres. Esta observación subraya la importancia de la responsabilidad de los hombres para tratar esta violencia —la importancia de que *los hombres* asuman esa responsabilidad, en vez de que lo haga un solo individuo.

A partir de esta perspectiva, solemos invitar a otros hombres a que se unan al trabajo; son hombres que podrían ser considerados como "ex-alumnos". Estos hombres se han ofrecido para unirse conmigo en mi trabajo con otros que siguen sus pasos para tratar los abusos de la cultura de los hombres. Los que ya conocen estas formas abusivas están muy bien posicionados para contribuir a una exposición de las técnicas usadas para reducir la culpabilidad, a una exposición de las prácticas de poder explícitas y encubiertas, y de las construcciones de vida y de identidad de género que privilegian la dominación. Estos hombres tienen un doble papel: contribuyen de forma esencial al desarrollo de una exposición de los discursos de la cultura de los hombres que reportan las acciones abusivas, y participan como testigos externos contribuyendo a desarrollar tramas subordinadas de la vida del hombre.

Los recuentos de los testigos externos son fundamentales en el reposicionamiento de los hombres que perpetran abuso. Este reposicionamiento posibilita entre otras cosas, que se interesen en la forma en que han sido instrumentos de la *cultura de los hombres* y que encuentren modos de desafiarla. En este contexto, los discursos dominantes de la cultura de los hombres se deconstruyen, y empiezan a disociar su identidad de las formas abusivas de ser. A medida que empiezan a experimentar esta separación y entrar a territorios de identidad diferentes, se vuelve cada vez más factible la posibilidad de criticar fuertemente sus propias acciones abusivas e iniciar la reparación.

NOTAS

1. Este capítulo se limita a describir un enfoque de trabajo con hombres heterosexuales en relación a la violencia que perpetran en contra de sus compañeras. Este documento no considera las experiencias con personas del mismo sexo ni transexuales, ni busca deconstruir los términos "hombre" y "hombres". Tampoco se involucra en consideraciones de diferencia cultural. Para una discusión sobre algunos de estos asuntos, ver Yuen y White (2007).

2. Para una mayor descripción de lo que entendemos por "cultura de los hombres", ver White (1992).

3. Para descripciones más amplias sobre el involucramiento de otros hombres en este proceso, ver White (2001).

4. Michael se basó en el trabajo de Sharon Welch (1990) para estas descripciones de la ética del control y ética del cuidado.

CAPÍTULO 8

La externalización
y la responsabilidad

Creo que es posible desarrollar conversaciones de externalización que incrementen o desarrollen el sentido de responsabilidad en vez de reducirlo. Y creo que el punto importante es que no es la externalización misma lo que lo permite, sino más bien lo que ocurre después. En una de mis presentaciones hablo de una conversación con un joven que tenía muchos problemas, muy ligados a sus actos de violencia. Era violento con sus hermanos menores, agresivo con su madre, intentó agredir a su padre, y tenía problemas en la escuela por su violencia. Ya no sabían qué hacer, y la única persona de la familia que lo acompañó a hablar conmigo fue su madre. Lo que sigue es un breve relato de nuestra conversación.

Su madre hablaba mucho de su frustración, de su angustia y de un sentimiento de fracaso como madre. Hablaba también de sus experiencias de ser agredida por este joven y de las consecuencias que esto tenía en su vida. Narró su desesperación y su dolor al tener que asumir una posible entrega de su hijo a alguien ajeno. Él se mantenía en la periferia de la conversación, y casi no se involucró, ni siquiera cuando su madre se puso a llorar. Cuando volteé hacia él en un intento de involucrarlo en la conversación, él no estaba muy presente. Me dijeron que este joven carecía de capacidad de darse cuenta y que era irresponsable. Rara vez hablaba con gente adulta, así que me sentí agradecido cuando me contestó, aunque fuera, con una sola palabra.

Según mi entendimiento, la responsabilidad misma es un *concepto*, no es sólo un término. Este joven conocía el término, pero no iba más allá. No había desarrollado en absoluto su significado. Entendí que si no desarrollábamos el término como concepto el joven no tendría una base para emprender lo que podríamos considerar una acción responsable. Los hombres que me refieren por haber perpetrado un abuso conocen el término *respeto,* pero éste es tan sólo una palabra, no un concepto acerca de la vida o la identidad.

Creo que una de las ventajas de las conversaciones de externalización es que nos abren la posibilidad de desarrollar estos conceptos. Decidí entonces que podría ser útil entrevistarlo acerca de los efectos de esa violencia en su vida. Quise que los nombrara. ¿Qué nombre les pondría? Él los llamó "el herir" —hería a los demás, así que lo nombraba "el herir". Lo llevé a caracterizar un poco más "el herir". Me interesaban los efectos de este "herir", y cuando le pregunté por ello, por primera vez vinculó el "herir" con el estar escindido de su familia. Esto fue un gran logro —no era sólo algo que pasaba y ya. De hecho, comenzó a tejer algunos episodios de su vida en cierta secuencia de asociaciones. Para él, vincular "el herir" con ciertas consecuencias que había tenido en su vida fue un logro, y nos entretuvimos un rato en esa conversación.

Entonces quise saber cómo se sentía respecto a su situación, así que le pregunté de su experiencia con "el herir" y sus consecuencias. Gracias a nuestra plática anterior, tenía *una superficie desde donde reflexionar* —algo en qué reflexionar. La verdad es que no estaba muy feliz; y dijo: "Esto me importa." Le pregunté: "¿Qué quieres decir?" Y me dijo que no estaba bien, que no le gustaba lo que ocurría. Quise saber por qué, y me dijo que no sabía, y que no podía contestar la pregunta. Lo único que podía decir es: "No quiero una vida como la de mi hermana, y eso es lo que me importa". Tenía una hermana de 16 años que vivía en un pequeño departamento con un hombre mayor —su compañero— y dos amigos de él. Dije: "Entiendo que te importe porque no te gustaría una vida como la de tu hermana, pero esto no me dice por qué te molestaría estar escindido de tu familia. No entiendo." Me dio permiso de consultar a su madre, y ella me contestó: "Bueno, quizá es por lo que se está perdiendo." Le pregunté, "¿qué es lo que se está perdiendo?", y me respondió: "Pertenecer." Volteé hacia él y le pregunté: "¿Te hace sentido esto que dice ella?", y me dijo, "pertenecer." Y le pregunté de nuevo: "¿Qué significa para ti pertenecer?". Estas preguntas tienen un papel importante en el desarrollo de estos conceptos.

En otro momento de la conversación, le pregunté un poco más acerca de cómo era que ese "herir" afectaba el modo en que se sentía. Podía yo ver que su madre lloraba. Entonces le pregunté, "¿Bueno, cómo te hace sentir? ¿Te da tristeza?". No estaba seguro. Hablamos un poco más, y finalmente aceptó que sí le daba tristeza. Le pregunté: "¿Y se manifiesta en ti así como se manifiesta en tu madre? ¿Con lágrimas o de otro modo?". "De otro modo", dijo. Y volví a preguntar, "Puedo ver en qué parte del cuerpo de tu madre se manifiesta; ¿y en tu cuerpo, dónde está? ¿Aquí, aquí, aquí o aquí? ¿Dónde está?". Eligió el corazón entre las varias opciones. Entonces le pregunté: "¿Y cómo es cuando sientes esa tristeza en tu corazón?", y dijo, "son momentos en los que me siento muy solo." Hasta ahora, nunca había verbalizado estas comprensiones sobre la vida. Era algo completamente nuevo. Así que, de nuevo, esto fue un logro: vinculó estos actos de violencia con el "herir", con la tristeza, con el lugar de su cuerpo donde lo palpaba, con estar solo en la vida —y todos éstos eran desarrollos nuevos.

Podríamos suponer que este joven debería responsabilizarse por sus acciones. Pero todavía no había fundamento para ello —recordemos que la responsabilidad es un *concepto*, no sólo una palabra. Lo llevé a reflexionar en estas experiencias, y me dijo que era algo que le hacía sentir muy incómodo. De nuevo, pude preguntarle, "¿Me puedes ayudar a entender por qué?". En ese momento descubrió otro concepto acerca de la vida. Me di cuenta que para él "el herir" se aliaba con el enojo y que estaba tomando el control de su vida. Nunca antes lo había podido expresar. ¿Cómo se sentía al respecto? Dijo, "Me gustaría poder hacer algo para orientar mi propia vida". No usó estas palabras exactamente, pero algo semejante. *Eso sí es responsabilidad*, ¿no? Le pregunté qué significa lo que estaba diciendo y paulatinamente arribó al término *responsabilidad*. Entonces ahondamos un poco, y la *responsabilidad* se volvió en verdad un concepto para él.

Creo que mediante las conversaciones de externalización, las personas relacionan sus acciones con las consecuencias que éstas tienen. Luego reflexionan sobre sus experiencias al respecto y, en respuesta, llegan a conclusiones o verbalizan ciertos aprendizajes acerca de la vida, abstraídos de la situación exacta. Insisto en la idea de desarrollar los conceptos porque creo que es lo que permite que la gente haga lo que nosotros llamamos "responsabilizarse". Simplificando los pasos que podríamos seguir son:

1. Externalizar el problema.
2. Revisar las consecuencias.
3. Reflexionar sobre las consecuencias y luego preguntar sobre los por qué de esas reflexiones.
4. Arribar a conclusiones sobre la propia vida, sobre lo que se quiere, valora, o espera en la vida.

5. Enriquecer aún más los términos hasta volverlos conceptos, sepa-
   rados de la situación concreta.

En esta entrevista en particular, este muchacho dijo que, entre otras
cosas, el "herir" estaba "arrebatándole" su sentimiento de pertenencia. Para él ahora, el "pertenecer" se separó de las circunstancias concretas; se volvió una idea abstracta o un concepto acerca de la vida.

Espero que este breve relato ayude a mostrar cómo abren posibilidades las conversaciones de externalización, para que la gente se
haga cargo de su vida.

CAPÍTULO 9

Revaluación y resonancia

RESPUESTAS NARRATIVAS ANTE EXPERIENCIAS TRAUMÁTICAS

Este capítulo explora la importancia de la reevaluación y de la resonancia para enfrentar experiencias de trauma y revigorizar el "flujo de la conciencia", o lenguaje de la vida interior. Cito a William James (1890) sobre el "flujo de la conciencia":

> Como la vida de un pájaro, este parece estar hecho de una alternancia entre volar y posarse. El ritmo del lenguaje expresa eso, donde cada pensamiento se expresa en una frase, y cada frase se cierra con un punto. Los lugares de descanso suelen ser ocupados por imaginaciones sensoriales de algún tipo, cuya peculiaridad es poder mantenerse en la mente por un tiempo indefinido, y contemplarse sin que cambien; los lugares de vuelo se llenan de pensamientos de relaciones, estáticos o dinámicos, que en su mayoría se obtienen de los asuntos contemplados en los periodos de descanso comparativo. (p. 243)

Invariablemente, los esfuerzos para tratar directamente las experiencias traumáticas de las personas son improductivos en el mejor de los casos, y deletéreos muchas veces. Estos esfuerzos pueden contribuir a experiencias en las que las personas se vuelven a traumatizar y a sentirse enajenadas. Cuando nos involucramos en el intento de contradecir y desestabilizar directamente las conclusiones negativas de identidad generadas en el contexto del trauma —las conclusiones almacenadas en el sistema de memoria semántica, y que tienen un estatus de hecho—, tal vez contribuimos a que la persona se sienta enajenada, no se sienta respetada, o incluso burlada.

Entonces, la tarea terapéutica primordial para abordar los efectos del trauma en la vida de las personas es brindar un contexto para desarrollar, o volver a desarrollar, el tipo de realidad personal que dé lugar, para la persona, a un sentido de sí misma referido como "mí mismo"*. Ése es el sentido de sí mismo que se asocia con la internalización de un lenguaje de la experiencia, narrativo en la forma, y que caracteriza lo que William James llamó el "flujo de conciencia".

Podemos llegar a desarrollar, o volver a desarrollar este sentido de vida interna mediante una investigación terapéutica que reúna las diversas experiencias de vida de una persona en una trama que unifique estas experiencias y proporcione un sentido de continuidad personal al hilo de la historia de la persona. El ordenamiento de las experiencias de vida en torno a temas específicos y a metáforas relevantes contribuye significativamente a esta unificación y a ese sentido de continuidad.

A continuación, sólo abordo algunas de las numerosas opciones que pueden contribuir a un contexto que desarrolle y revitalice el

---

* N. del T. Hemos traducido los conceptos de *"Self, I, Me y Myself"* como "sí mismo, yo, mí y mí mismo". Ver White, M. (2004) Working with people who are suffering the consequences of multiple trauma: A narrative perspective. *International Journal of Narrative Therapy and Community Work,* (1), 45-76. Reimpreso en D. Denborough (Ed.) (2006). *Trauma: Narrative responses to traumatic experience* (pp. 25-85). Adelaide: Dulwich Centre Publications.

"flujo de conciencia". Las nociones de reevaluación y de resonancia son la base de estas opciones.

REVALUACIÓN Y RESONANCIA

La investigación terapéutica se dirige a identificar los aspectos de vida a los que las personas confieren un valor: pueden ser propósitos específicos de vida muy queridos; valores y creencias preciadas con respecto a la aceptación, la justicia y la imparcialidad; aspiraciones, esperanzas y sueños atesorados; promesas, votos, y compromisos sobre modos de ser en la vida; recuerdos, imágenes y fantasías especiales que se relacionen con temas importantes; metáforas que representen ámbitos específicos de la existencia; y así sucesivamente. En el contexto de las conversaciones terapéuticas, podemos identificar estos aspectos de vida y volverlos a evaluar mediante un amplio rango de respuestas que le resuenen a las personas.

No siempre es fácil identificar los aspectos de vida a los que las personas asignan valor —a menudo han sido guardados en secreto en lugares donde están a salvo del ridículo y la descalificación— y aun cuando los identifican, puede costar mucho trabajo nombrarlos. Sin embargo, a pesar de las dificultades que en un principio se puedan experimentar para identificar esos aspectos de vida valorados por las personas, creo que siempre están presentes en las expresiones de vida. Creo que es así aunque con frecuencia experimenten su vida como sometida a recuerdos traumáticos disociados —porque incluso en esos momentos opera algún principio en la selección de los recuerdos. El que existan estos aspectos de vida valorados es, en sí, un extraordinario homenaje, por parte de las personas, a su negativa a renunciar o separarse de lo que ha sido tan degradado y poco respetado en el contexto del trauma.

La noción de algo "ausente pero implícito" es muy significativa para guiarnos en este trabajo. Aunque en este capítulo no me pueda permitir la revisión de esta noción a fondo, presento algunas hipótesis en torno al dolor psicológico y el desasosiego emocional experimentado por las personas en el contexto de recuerdos traumáticos que les impactan. Estas hipótesis se basan en la noción de algo "ausente pero implícito".

El dolor psicológico desplegado en respuesta al trauma en la vida de las personas debería ser considerado un testimonio de la importancia de lo atesorado por estas personas, y que fue violado en la experiencia traumática. Esto puede incluir los entendimientos de las personas acerca de:

- Los propósitos abrazados para la propia vida.
- Los valores y creencias preciados en torno a la aceptación, la justicia y la imparcialidad.
- Las aspiraciones, esperanzas y sueños atesorados.
- Los modos morales de entender cómo deberían de ser las cosas en el mundo.
- Las promesas, votos y compromisos significativos en cuanto a modos de ser en la vida.

Si es posible considerar el dolor psicológico como testimonio de dichos propósitos, valores, creencias, aspiraciones, esperanzas, sueños, visiones morales y compromisos, entonces podemos considerar que la intensidad con la que se siente este dolor refleja el grado al que las personas atesoraban estos estados emocionales.

El desasosiego emocional cotidiano desplegado en los procesos históricos en respuesta al trauma de las personas se podría considerar como un tributo a la habilidad que tienen éstas de mantenerse en relación constante con todos esos propósitos, valores, creencias, aspiraciones, esperanzas, sueños, visiones y compromisos que se atesoran —un tributo a su negativa a renunciar o a separarse de lo que fue traicionado o degradado en el contexto del trauma, a distanciarse de lo que ellas siguen reverenciando.

El dolor psicológico y el desasosiego emocional podrían entenderse como elementos de un legado que expresan las personas que, ante la falta de respuesta del mundo que las rodea, permanecen resueltas en su decisión de que el trauma que vivieron ellas y otras personas no sea en vano —las cosas tienen que cambiar debido a lo que han atravesado. Identificar lo que las personas valoran para su vida, nos brinda una orientación para desarrollar resonancias al interior de la conversación terapéutica. En la siguiente discusión, presento algunas opciones terapéuticas que desarrollan estas resonancias.

Resonancia 1: Aquello a lo que se confiere valor

En nuestras respuestas a lo que las personas valoran se puede alcanzar una resonancia inicial, estas respuestas son aquellas que:

- Contribuyen a una curiosidad amplificada en torno a un aspecto de vida de la persona y que contribuyen al reconocimiento de este aspecto en su vida.
- Ofrecen un andamiaje para atribuirle un significado preferido a estos aspectos de vida.
- Cargan de significado estos aspectos de vida.

Nuestras respuestas resuenan en las personas pues tienen el efecto de representarles lo que ellas atesoran.

Aparte de brindarles un punto de partida para volver a desarrollar y revitalizar el lenguaje de vida interior asociado con el flujo de su conciencia, estas respuestas construyen los fundamentos para desarrollar una familiaridad y sentido de entendimiento mutuo que puede tener el efecto inmediato de hacer retroceder algunos de los efectos del trauma. Por eso, es en esta resonancia que una persona reconoce su "sí mismo". Es esta resonancia la que contribuye al restablecimiento de un "yo" en relación al "mí mismo". Al contribuir al desarrollo de esta resonancia, iniciamos, como terapeutas, la reproducción del tipo de contexto que hace surgir el juego simbólico y un juego con símbolos en la conversación terapéutica.

Resonancia 2: Reverberaciones a través del tiempo

La introducción de respuestas terapéuticas que contribuyen a experiencias de resonancia en el mundo externo sienta las bases para desarrollar el tipo de resonancias internas que desplazan el mundo lineal de "una desgracia tras otra" y le introducen complejidad al sentido que las personas tienen de su vida. La resonancia que estas respuestas (iniciadas por el terapeuta) disparan hacia lo que una persona valora, tiene el efecto de evocar imágenes positivas de vida e identidad que se le presentan a la persona en modos metafóricos y visuales. A medida que en las conversaciones se construyen estas imágenes, tienen el potencial de activar reverberaciones en la historia de las experiencias de vida de la persona. En ese momento, podemos introducir una investigación para identificar la forma en que estas reverberaciones mencionan recuerdos que resuenan con estas imágenes del presente.

Estos recuerdos que resuenan con las imágenes del presente son como las "perchas donde se posan los pájaros" referidas por William James en su recuento de lo que es para él un flujo de conciencia. Es en esta vinculación de episodios de vida (a través de la historia que brindan estas resonancias) que se desarrollan nuevas conexiones y patrones de experiencia y se identifican y nombran, mediante la metáfora, temas de vida que unifican. Este proceso alienta el desarrollo de un mundo interior que es posible visualizar y un sentido de vitalidad que desplaza la sensación de vacío y falta de vida.

Resonancia 3: Temas de vida y entendimiento de los estados intencionales

A medida que se construye el sentido de una realidad personal interna en el contexto de esta investigación terapéutica, las personas no sólo experimentan el desarrollo de una conversación interior donde se vinculan a través del tiempo aspectos de su experiencia que, de otra forma, no serían sino singulares, discrepantes y discontinuos, sino que también empiezan a experimentar una resonancia entre esa vinculación y temas de vida específicos. Y, más allá, se desarrolla una resonancia entre la conexión de aspectos de la experiencia, estos temas de vida, que de otro modo serían singulares, discrepantes y discontinuos y las nociones de vida específicas de los estados intencionales. Estas nociones de estados intencionales abarcan objetivos, planes y metas específicos. En este punto, la investigación iniciada por el terapeuta puede contribuir al reconocimiento de estas nociones de vida específicas de los estados intencionales y al enriquecimiento de su descripción.

Resonancia 4: Desarrollar "mi mundo"

En respuesta a este desarrollo, las conversaciones terapéuticas pueden ofrecer un andamiaje que enfoque un rango de eventos en el mundo que resuenen con estos temas y con estos entendimientos de los estados intencionales. El terapeuta puede, por ejemplo, convocar consideraciones (acerca de varios acontecimientos de vida recientes) que podrían reflejar estos temas y estas nociones de la vida propias de los estados intencionales.

Una vez establecida la resonancia entre los temas de vida significativos y las nociones de estado interno, por un lado, y entre los eventos recientes específicos de la vida de la persona, por el otro, la persona desarrolla un sentido de continuidad más fuerte entre los mundos interno y externo, entre los aspectos de su realidad personal y los de la realidad externa. Esta experiencia de continuidad construye la sensación de un mundo que en parte es sensible a la existencia de uno mismo, y alienta a las personas a encontrar un sentido de agencia personal. Este desarrollo origina nuevos sentimientos de placer y de bienestar.

Resonancia 5: Volver a narrar

Otra resonancia puede lograrse mediante la introducción de un público en estas conversaciones, cuya tarea es re-presentar por medio de una nueva narración, aquellos aspectos de vida que las personas valoran. Siguiendo a Myerhoff (1980; 1982; 1986), me refiero a estas personas como testigos externos. Su tarea es involucrarse en un recuento de lo que presenciaron y escucharon en la conversación entre el terapeuta y la persona que llegó a consulta.

Los recuentos de los testigos externos no son un mero relato del contenido de lo que presenciaron y escucharon en las narraciones de la conversación terapéutica, sino que consisten en responder con lo que captó su imaginación y disparó su curiosidad. Aparte de volver a presentar estas particularidades de la narración, estas personas brindan un relato de las imágenes de vida e identidad que desencadenaron estas expresiones. Es más, su tarea es encarnar su interés en la vida de la persona, hablando de su entendimiento de por qué fueron atraídos por las expresiones que re-presentan en sus recuentos —y es hablar de las resonancias que estas expresiones activaron en sus propias historias personales.

Por último, la tarea de estas personas es proporcionar un relato del modo en que estas narraciones y recuentos les transportaron y contribuyeron a:

- Un desarrollo de su propio sentido de sí mismos.
- Entendimientos de sus propias vidas.
- Las posibilidades de acción en sus propios mundos.

Al involucrarse en esta tarea, los testigos externos reconocen (al atestiguar las expresiones de una persona) hasta qué punto se han vuelto otras personas de las que eran al inicio de los recuentos. Es decir, al realizar esta tarea, asumen la responsabilidad de reconocer las formas en que les transportaron estas expresiones.

Las re-presentaciones de los testigos externos son el resultado de una sintonización sensible e imaginativa con lo que podría ser valorado en la vida de la persona. Cuando alcanzan respuestas resonantes, la persona que viene a consulta experimenta una armonía muy especial entre el mundo interno y el mundo externo, una armonía que había sido tan elusiva. Esta armonía permite desarrollar una familiaridad con las demás personas y una sensación de entendimiento. Esta sensación de entendimiento mutuo es el sello distintivo de una relación íntima con otras personas.

Las respuestas de admiración utilizadas en la construcción de los logros y los relatos heroicos de la vida de una persona no son el tipo de respuesta de los testigos externos que pueda resonar fuertemente en las personas. Tampoco son lo que en otras partes he llamado "prácticas del aplauso" —respuestas de felicitación, afirmaciones expresadas, puntos positivos señalados, etcétera. No sólo es muy poco probable que dichas respuestas resuenen con lo que la persona valora, sino que se pueden percibir como controladoras, enajenantes, y hasta sarcásticas.

Resonancia 6: Que no sea en vano

Al reconocer el sentimiento de transportación, los testigos externos ofrecen a veces relatos de lo que podrían hacer si vivieran en otro mundo —sus acciones podrían contribuir de algún modo a encarar las injusticias que experimentan los demás, o podrían proporcionar un sentimiento de reparación frente a las injusticias que otras personas vivieron antes. Cuando los testigos externos dan los pasos para seguir con estas acciones y asegurar que la persona recibe retroalimentación en cuanto a dichos pasos y sus resultados, también puede establecerse una fuerte resonancia. Allí resuena esta acción con lo que sería, para la persona:

- El anhelo de que el mundo sea diferente, debido a lo que le ha ocurrido.
- La esperanza secreta de que todo lo que ha sufrido no fue en vano.
- El deseo secreto de contribuir a la vida de otras personas que han tenido experiencias similares.
- La fantasía de jugar algún papel en aliviar el sufrimiento de otras personas.

• La pasión por participar de alguna forma en actos de reparación en las injusticias del mundo.

Esta resonancia entre los anhelos, las esperanzas, los deseos y las fantasías de una persona y las acciones de los públicos fortalece el sentimiento de continuidad entre los mundos interno y externo, entre los aspectos de la realidad personal y de la realidad externa. Como mencioné antes, esto construye el sentido de un mundo que sea por lo menos sensible a la existencia de uno mismo; ayuda a desarrollar un sentimiento de agencia personal y crea sentimientos renovados de bienestar y de placer.

Resonancia 7: Las respuestas al trauma

La experiencia del trauma es irreconciliable con los temas de vida más queridos y con los recuentos de nuestra propia identidad. Por lo tanto, los significados que la gente adjudica a sus experiencias de abuso en el contexto del trauma incluyen invariablemente poderosas y muy negativas conclusiones acerca de su identidad.

A pesar de esto, las personas no son receptoras pasivas del trauma: responden al trauma de la mejor forma que saben y pueden. Estas respuestas suelen ser coherentes con los relatos identitarios asociados con la memoria autobiográfica, y con el sentido del sí mismo asociado con el lenguaje de vida interior. Sin embargo, en el contexto del trauma, estas respuestas rara vez se reconocen y aprecian; al contrario, se suelen rechazar, ridiculizar y menospreciar. Por ello, y por las conclusiones de identidad muy negativas que se generan en los contextos traumáticos, estas respuestas al trauma se pierden en la memoria.

Pero podemos resucitar algún relato de la forma en que respondió ante el trauma una persona. Existen varias formas de poder hacer esto, pero se suele lograr mediante la proyección imaginativa y especulativa del sentido revitalizado del "mí mismo" a través de los territorios del trauma en la historia de la persona. Por ejemplo, en el contexto de las conversaciones terapéuticas, es factible conocer mucho mejor los propósitos evidentes y las habilidades desplegadas en las respuestas recientes, que dan las personas a dificultades y dilemas relativamente menores. Estas habilidades y objetivos pueden sentar las bases para la proyección imaginativa y la reflexión a la que me refiero. De esta manera, se establece una resonancia entre los temas queridos y los relatos identitarios preferidos por una parte, y con las respuestas al trauma.

En resumen, la reconstrucción y el resurgimiento de las respuestas que da una persona al trauma pueden contribuir significativamente a la regeneración y a la revitalización del sentido del "mí mismo", característico del flujo de conciencia. Cuando, en el contexto de una experiencia traumática, el sentido del "sí mismo" logra continuidad con el sentido del "mí mismo" asociado al flujo de conciencia, y cuando existe un relato de las respuestas de una persona al trauma que encaja con los temas de vida queridos, con los recuerdos identitarios preferidos, el resultado es que se erosionan aquellas conclusiones de identidad muy negativas que fueron generadas en el contexto del trauma. Es una erosión de esos factores deshabilitadores, "cableados en nuestra mente", almacenados en la memoria semántica. Así también, cuando se vincula de algún modo el sentido de "sí mismo" (en el contexto de la experiencia traumática) con el sentido del "mí mismo", esto crea la posibilidad de integrar los recuerdos traumáticos en la estructura narrativa que caracteriza la experiencia de una vida interior.

Es a través de estas exploraciones que las personas son capaces de transformar los recuerdos traumáticos en el material mismo del que está hecha la narración de sí mismas. Es en el contexto de estas exploraciones que los recuerdos traumáticos se incorporan en las tramas de la historia personal, validando y reforzando ese sentido de "mí mismo". Con ese desarrollo, logramos asignar un principio y un final a esos recuerdos y relegarlos a la historia.

PENSAMIENTOS DE CIERRE

En este capítulo he aludido a la práctica terapéutica mediante la metáfora del "flujo de conciencia" de William James. Propuse la idea de que, a medida que se vuelve a desarrollar y se revitaliza el lenguaje de la vida interior —un lenguaje narrativo en su estructura, algo característico del flujo de la conciencia—, las personas se hacen menos vulnerables al fenómeno de disociación. Para ampliar nuestro entendimiento de los efectos de esta práctica terapéutica, podemos usar otras metáforas. Podemos, por ejemplo, cruzar las metáforas geográficas con las de la narrativa. Luego podríamos decir que es a través del desarrollo de la resonancia que las conversaciones terapéuticas construyen lo que al inicio son islas de seguridad en la vida de las personas. Al desarrollar aún más estas conversaciones, las islas se vuelven archipiélagos y eventualmente continentes. Por lo tanto, las personas se dan cuenta de que tienen otros territorios donde pararse mientras empiezan a revisar sus experiencias del trauma. Esto contribuye con nuevas opciones a que las personas traigan los recuerdos del trauma a la conciencia en formas que mitigan la re-traumatización y brindan una integración de aquellos recuerdos traumáticos, logrando ser menos vulnerables a la disociación.

En mi trabajo con la gente para enfrentar los efectos del trauma, me involucro invariablemente en prácticas de la palabra escrita. Registro, por ejemplo, las resonancias de las conversaciones terapéuticas, incluidas las respuestas de los testigos externos que parecen ser más significativas para las personas que me consultan. Esto resulta en un escrito que refleja la estructura del lenguaje de vida interior: es un documento que tiene muchas asociaciones, metáforas y analogías, que brinda a las personas una fuente inmediata para recuperar el sentido del "yo" en relación a "mí mismo", por muy difícil que sea el camino.

Además, me suelo unir a las personas que me consultan en la elaboración de documentos autobiográficos. Éstos son diferentes en la forma y en el lenguaje —son formales, fidedignos, y describen reivindicaciones de veracidad. Refuerzan el sentido del "mí mismo" y derivan de conversaciones distintas de las adaptadas a las respuestas resonantes que he descrito en este capítulo —pero esa es otra historia.

CAPÍTULO 10

Involucramientos con el suicidio

Se ha escrito mucho sobre el trabajo con personas que tienen tendencias suicidas. Este capítulo no trata de esto, sino del trabajo con la familia, las amistades, los vecinos y la gente cercana de las personas que se quitan la vida. Este capítulo aborda el manto de silencio que cubre los actos deliberados de las personas que se quitan la vida. Durante muchos años, me han consultado muchas personas que perdieron a una amistad o a alguien de su familia debido al suicidio. Normalmente, la persona que se quita la vida se vuelve invisible y a las demás personas les cuesta mencionarla. Un manto de silencio cubre los detalles de su vida. Muy a menudo el suicidio se vuelve algo vergonzoso. El suicidio se totaliza, a pesar del hecho de que es una decisión tomada en contextos muy diversos, y que es resultado de un universo de consideraciones. Rara vez se valoran los significados con los que se involucraba la persona que se quita la vida. Valorar estos significados no implica celebrar el suicidio. No rompe con el lamento de que las cosas debieron ser diferentes. No significa resignarse a la idea de que ese acto era necesario. No retrocede en los esfuerzos por prestarle atención a la política que busca una vida donde se amplíen las opciones con que cuentan las personas. En cambio, la tarea tendría que ser convocar a ceremonias que valoren a la persona que se fue y a las que se quedan.

A la vez que conmemoran la pérdida de la persona, estas ceremonias indagan el significado que tuvo el suicidio para quien lo hizo ya que estos sentidos suelen menospreciarse rutinariamente. Exploran cómo fue que la persona llegó al suicidio. Qué valores, habilidades, requirió. Qué implicaría tomar este tipo de decisión. Este proceso involucra representar la conciencia del suicidio.

De modo significativo, estas ceremonias pueden explorar si el suicidio estaba, de alguna manera, relacionado con lo que la persona valoró a lo largo de su vida. ¿Fueron personas que, en el pasado, fueron capaces de tomar decisiones realmente fuertes y llevarlas a término? Cuando hacemos preguntas para entender lo que la persona requirió para llegar al suicidio (valores, habilidades, etcétera) y cuando lo vinculamos con lo que se sabe de la persona y lo que la ligaba a otras, podemos enlazar el suicidio con lo que se sabe de la persona. Una ceremonia hace posible que los que participan abran paso a la tristeza por las luchas que emprendió la persona, y al mismo tiempo sean conscientes de lo que significó su existencia. Esto puede ayudar a que los seres queridos se sientan vinculados aún con la persona que murió. La transcripción que proponemos a continuación muestra este proceso. La protagoniza Wendy, quien habla de su hijo Ted, que se suicidó.

Wendy: Fue terrible, muy terrible. Y cuando pienso en el niño que fue, recuerdo a un niño brillante y feliz que después tuvo que sufrir todo esto. Y eso es doloroso. Y si pienso en el cáncer y en el terrible tratamiento y en lo valiente que fue, es algo horrible de pensar. Y si pienso en su relación con las drogas, eso es algo terrible de pensar. Esta carga de dolor que él tenía, y luego el hecho de matarse. Eso también es horrible. Así que siento que no tengo ningún lugar a dónde ir.

Michael: Sí. ¿Y sientes que llevas mucho tiempo queriendo hablar de esto?

Wendy: En realidad, la única forma en que he podido sobrellevar esto es bloqueándolo cada vez más. Y lo mejor fue ni pensar en ello. Pero, lo tremendo es que con eso perdí un sentido de conexión con él. Y no quiero hacer eso. Siento que eso es una deslealtad con él, y no quiero hacerlo.

Michael: Sí.

Wendy: Porque casi siempre fue un hijo muy amoroso, y me gustaría poder sentirme conectada con él. He perdido esta conexión, pues está muerto. Tampoco quiero perder todos los años que viví con él. Me parece que no llego a ningún lado.

Michael: ¿Cómo afectó tu vida perder ese sentimiento de conexión? ¿Cómo vives esto?

Wendy: Es una fuerte sensación de vacío para mí.

Michael: Vacío...

Wendy: Y, claro, como madre tienes planes para el futuro, sobre cómo será tu vida con tu hijo. Quieres verlo crecer y ser feliz, y todas esas cosas. Y claro, eso ya se fue.

Michael: Sí...

Wendy: Y, creo, siento, que teníamos muchas dificultades en nuestra relación, incluso mucho antes de que muriera. Yo ya había perdido contacto con él. Si no hubiéramos tenido estos problemas de antes, y hubiera muerto en un accidente de automóvil o algo así, habría sido terrible, pero al menos él habría sido feliz hasta ese momento. Sabes, podría recordarlo así, pero ahora siento que ninguno de mis esfuerzos parece haber sido suficiente. Y entonces, como también perdí contacto con él, creo que su suicidio aumenta mi sensación de fracaso.

Michael: Entonces, para ti ¿el sentimiento de fracaso forma parte del resultado?

Wendy: Bueno, eso creo. Es decir, lógicamente sé que no podía hacer nada más de lo que hice. Lo llevé con los profesionales que le podían ayudar. Los padres y las madres no podemos ser terapeutas para nuestros hijos. Traté de ponerlo en contacto con la gente, e intenté solamente ser una buena madre para él. Pero ya ni siquiera sé con qué pasado conectarme.

Michael: Sí. En este momento, qué más hay en ese legado para ti. Mencionaste un sentimiento de vacío, un sentimiento de fracaso.

Wendy: Hay una pérdida del futuro. Él solía decir: "Soy bastante cercano a mi mamá". No vivía en casa, pero éramos cercanos emocionalmente. Y yo esperaba que venciéramos el cáncer y que compartiríamos un buen futuro. Me supongo que el futuro se volvió más importante aún por todos los problemas que hubo en el pasado.

Michael: Sí.

Wendy: Realmente me aferré a ese futuro. Y pienso que quizá por su enfermedad pasé mucho tiempo ayudándole, en muchas cosas prácticas: como llevarlo a sus citas con los médicos, cuidarlo cuando estaba en cama, llevarlo al hospital y todas estas cosas, lo que implicó que muchas de las actividades normales no las hiciéramos. Entonces creo que es difícil para mí pensar en él sin pensar en cuidarlo.

Michael: [*Escribiendo*] Es difícil para ti pensar en él sin pensar en cuidarlo.

Wendy: Y todavía quisiera cuidarlo. Entonces creo que limita lo que puedo hacer, o resulta que mis opciones son limitadas.

Michael: Ayúdame a entender un poco, ¿cómo fue que el suicido de tu hijo te llevó a pensar que eres un fracaso?. Me gustaría entender tu interpretación del suicidio de tu hijo y cómo llegaste a conectar estas ideas.

Wendy: Él sufrió muchísimo y siento que no lo pude ayudar lo suficiente con ese dolor en su vida. Dadas las circunstancias, si hubiera evitado el suicidio, habríamos tenido más tiempo. Es un sentimiento de no haber sido capaz... de no haberlo podido ayudar lo suficiente.

Michael: [*Escribiendo*] Ayudarlo con su dolor. Entonces es eso y, ¿de alguna manera esto ensombrece todo el cuidado que le diste en todos esos años? ¿De verdad lo ensombrece todo?

Wendy: Hace que todo parezca vano.

Michael: ¿Vano?

Wendy: Bueno, me refiero a que siento que todo fue en vano.

Michael: Sí.

Wendy: Y él vivió físicamente con el cáncer, pero estaba tan abatido que terminó matándose. Qué caso tuvo todo lo que intenté durante esos años.

Michael: Me pregunto cómo fue que se mató. No me refiero a la mecánica de su muerte, sino cómo fue que llegó a eso. ¿Entiendes a lo que me refiero? Es una decisión muy fuerte, y él la tomo el año en que tenía bastante claridad.

Wendy: Ay, sí. Él lo tenía muy claro. Lo primero que pensé cuando lo encontré fue, "quizá pensó que lo rescataría", porque sabía que iría ese día. Pero después, al hablar con otras personas, unos amigos suyos dijeron: "No lo puedo entender. Parecía tan feliz el fin de semana, habló con la gente, parecía divertirse". Eso me hizo sentir mejor, porque supe que en verdad lo había decidido y que probablemente esa era la razón por la que estaba más contento y hablaba con todo el mundo. Entonces no sólo fue un impulso del que pensó que lo salvaría.

Michael: Sí.

Wendy: Lo encontré el jueves en la mañana. Alguien vino el miércoles al medio día, y parece que se acababa de tomar las píldoras. Le dijo a su amigo que tenía mucha hambre y que si podía traerle algo para comer, lo que hizo su amigo. Pero también dijo: "Ay, estoy cansado. Realmente necesito dormir". En ese momento, pudo haber cambiado de opinión y sobrevivir.

Michael: Sí, uy.

Wendy: Entonces, estaba totalmente decidido y…

Michael: ¿Renunció, renunció a la vida? ¿Sí?

Wendy: Y, sabes, tenía mucho dolor por dentro. Creí que podría vivir un par de años más, que todo cambiaría y sería mejor.

Michael: Sí. ¿En el pasado, era una persona que tomaba decisiones y las llevaba a cabo? O, ¿esta fue su primera decisión crucial?

Wendy: Bueno, tuvo que haber estado decidido —creo que cualquier niño que pasa por quimioterapia y cirugía es realmente fuerte. Era dependiente y necesitaba sentirse seguro, pero también les hacía muchas preguntas a los médicos y así, mientras que muchos niños que conocía no lo hacían.

Michael: Entonces, ¿buscaba enfrentar la verdad sobre su enfermedad? ¿Eso y las preguntas, y nunca evitó hablar del tema?

Wendy: Y creo que ocurrió justo en ese punto en que se volvía un poco más mayor.

Michael: ¿De algún modo, no te sorprende reflexionar sobre el poder y la determinación de su decisión?

Wendy: No.

Michael: Y su… ¿cómo dirías, *su valentía* para concretarlo? O, ¿cómo dirías, su…?

Wendy: Creo que era, no sé, creo que fue valentía, de alguna manera. Creo que pensó que vivir esas cosas habría sido peor para él.

Michael: Sí.

Wendy: Y creo que sintió que nos defraudó con ciertas cosas que hizo. Le dijimos: "No es verdad, no te culpamos por haber tomado drogas, y no esperamos que las dejes del todo y que nunca las vuelvas a tomar". Tratamos de ayudarlo a sentir que no nos defraudaba. Pero creo que pensó que sí.

Michael: Sí.

Wendy: Ojalá lo hubiera convencido de que no.

Michael: ¿Entonces, era evidente que se preocupaba por su hermana y por ti también, porque pensaba que las había decepcionado de alguna forma?

Wendy: Creo que sí. Pienso que sintió que nos había decepcionado, porque soy una persona bastante convencional, supongo, y su hermana también. Y me imagino que quizá hizo algunas cosas que a él tampoco le gustaron.

Michael: Sí.

Wendy: Entonces, también se decepcionó a sí mismo.

Michael: Sí.

Wendy: Y...

Michael: ¿Que transgredió algunos valores que eran importantes para él?

Wendy: Creo que sí.

Michael: Sí.

Wendy: Y, pese al dolor y la presión, quizá sintió que no lo podía cambiar. Quizá no habría podido vivir una vida diferente.

Michael: Sí.

Wendy: Creo que tuvo una muy buena oportunidad el año pasado.

Michael: Entonces, tuvo una buena oportunidad el año pasado, y luego llegó a la conclusión de que no era suficiente, y que iba a rechazar la vida. Siguió intentando remontar el cáncer y muchas otras experiencias también. Sólo me pregunto si su decisión de terminar con su vida fue respetada por alguien en esos términos.

Wendy: Bueno, yo sí la respeto, aunque me da mucha tristeza.

Michael: Sí.

Wendy: Quiero decir, fue una decisión firme, muy activa de su parte.

Michael: Sí.

Wendy: Y, como dije, creo que su hermana también la respeta, y éramos las personas más importantes para él. Y tenía buenos amigos, que quería y que lo apoyaban mucho.

Michael: Me queda la imagen de un hombre joven que batalló con tantas cosas durante un periodo de su vida. Y que perseveró al punto de mantener obligaciones con los demás. Como dijiste, las obligaciones que sentía respecto a la publicación para niños con cáncer —dijiste que cumplió lo mejor que pudo, ¿me explico? Pienso en el contexto de su vida y siento que luchó bastante al final.

Wendy: Creo que lo intentó mucho el último año.

Michael: Sí.

Wendy: Quizá todavía más por nosotras que por él.

Michael: ¿Entonces lo intentó el último año más por su sentido de lealtad y obligación?

Wendy: Creo que sí. Y siento que me ayuda a ver que dejó ir todo ese dolor.

Michael: Sí.

Wendy: Para que yo no tuviera que cargarlo.

Michael: Sí.

Wendy: Si él ya no lo tiene. Me refiero al dolor de los primeros años, si todo eso ya se fue, si su pena ya se fue, entonces yo no debería cargar con esto. Quizá es como algo que pospongo, trato de seguir cuidándolo y cargo con todo este dolor, pero no tiene caso, realmente. No va a ayudar en nada.

Michael: Me gusta mucho lo que acabas de decir. Me gustaría escribirlo. ¿Lo podrías repetir? Eso de que decidió soltar todo ese dolor. Él tomó esa decisión…

Wendy: Supongo que seguí cargando su dolor.

Michael: Correcto.

Wendy: Y sufriendo por ello. Pero él ya lo soltó. Él ya no tiene dolor. Entonces, quizá ya no debería de cargarlo yo.

Michael: Sí. ¿Si estuviera aquí y te escuchara, cómo crees que respondería? ¿Con lo que sabes de él, piensas que concluiría eso mismo?

Wendy: Creo que sí. Creo que diría, "Sí, no deberías…" —que no debo cargar con este dolor, que no lo ayuda.

Michael: Entonces diría, "sí, mamá". ¿Qué palabras usaría si estuviera aquí? Era brillante, era…

Wendy: Era muy brillante. Probablemente diría que hice lo mejor que pude, que sus decisiones no tuvieron nada que ver conmigo. Que era su destino, supongo, tener una vida de dolor, y que sólo decidió que ya no quería vivir más esta situación. Y supongo que para él fue como perder el contacto conmigo y también con su hermana. Es decir, no sé qué creía acerca de lo que pasa después de la muerte. Acostumbraba describirse como alguien que iba a la iglesia "por si acaso", iba muy de vez en cuando, por si fuera cierto. Pero no creía precisamente en ello, entonces...

Michael: Suena como todo un personaje tu Ted, todo un personaje.

Wendy: Sí, lo era.

Michael: Bien. Entonces, él diría algo como: "Mami, hice lo mejor que pude. Tienes que entender que tomé la decisión de soltar el dolor y por eso no tiene caso que sigas con éste. Y mi decisión no tuvo nada que ver contigo, de hecho fue una decisión que pude tomar cuando me desconecté un poco. Y sabes, decidí dar este paso." ¿Diría ese tipo de cosas? ¿Te llamaría "mami"?

Wendy: Sí.

Michael: ¿Diría "mami"?

Wendy: Sí.

Michael: "¿Hice lo mejor que pude?"

Wendy: Y en su nota de despedida diría que soy una persona fuerte y que puedo seguir adelante.

Michael: ¿Querría que hicieras el tipo de reconexión que estás haciendo y que quizás volvieras a abrazar algunos de los aspectos más especiales de tu conexión con él?

Wendy: Sí, creo que sí.

Michael: Sí.

Wendy: Estoy segura que sí. Creo que lo difícil es cuando la relación se queda tan atrapada en el trauma. Volver a reflexionar en esta relación aunque...

Michael: Sea doloroso.

Wendy: Bueno, es doloroso, pero también porque estaba muy cargada emocionalmente.

Michael: Sí.

Wendy: No siempre pude darle un sentido.

Michael: Claro.

Wendy: Cuando estaba en el hospital con él, traté de hacer todo lo que podía. Recuerdo que una vez, estábamos esperando y dejaron el expediente en la habitación y lo leímos —lo que, desde luego, nunca debes hacer. Y había comentarios sobre cómo al principio, cuando lo llevé, estaba mucho más exigente y menos satisfecho con el trabajo que hacían y que se la pasaba exigiendo que hicieran muchos más ajustes que cuando después lo llevó su padre. Mi interpretación al respecto, o la que prefiero, es que me podía decir "me duele" o "ve y pregúntales si lo pueden cambiar", y yo hacía todas esas cosas.

Michael: Y que podía respetar su propia experiencia sin que lo descalificaran o invisibilizaran las rutinas de los hospitales, que invisibilizan la experiencia de las personas.

Wendy: Pero por un momento me hizo dudar de mí misma. Creo que fue quizá por la típica "culpa de madre" que está presente tan a menudo. Y quizá yo era una persona difícil, en el sentido de que siempre trataba de ser amable y positiva, pero estaba convencida de que él me diría cuando algo le doliera. Y, aunque sólo le doliera un poco, ¿por qué no cuidarlo mejor?

Michael: Sí. Exacto. ¿Pero cuál fue la interpretación del hospital?

Wendy: Creo que pensaron que era una madre difícil. Sentía que me menospreciaban, que menospreciaban a Ted, a su malestar, y también menospreciaban nuestra relación.

Michael: Y así descalificaron *su* voz —para ellos esto sólo tenía que ver contigo, no con la voz propia de Ted. ¿Dirías que esto descalificaba la voz de tu hijo?

Wendy: Sí.

Michael: ¿Y, había algo que menospreciara tu conexión con él?

Wendy: Creo que sí.

Michael: Tenemos que terminar pronto. Sólo quiero que reflexionemos cómo fue para ti esta conversación. ¿Qué pasó en el curso de esta conversación?

Wendy: Me ha ayudado mucho porque me dio otra perspectiva, y me siento un poco más libre de recordar lo que quiero recordar, supongo. Siento que me liberé de la obligación de concentrarme únicamente en el dolor que había en su mundo. Puedo recordar sin descalificar su dolor. Fue horrible, pero no debo seguir cargando con esto. Y ahora también puedo pensar en algunos buenos momentos de su vida. Puedo pensar en algunas de esas cosas. Su energía, su sentido del humor y cosas como esas. No, me ha ayudado mucho. Estoy agradecida.

Michael: Bueno, ¿qué pensamientos te vienen de lo que podría seguir tras esta conversación? Dijiste cosas muy fuertes, como: "Ted decidió soltar el dolor, y no tiene sentido que yo siga cargando con éste. Y él no querría que yo siguiera cargando, y diría, 'hice lo mejor que pude'". Y quizá diría: "Sabes, hemos ido mucho más lejos de lo que otra gente hubiera esperado en estas circunstancias, y eso es un testimonio del que no quiero que te desconectes. No quiero decir con esto que no entienda que a ti también te duele mi muerte". Sólo me pregunto, ¿para ti, qué sigue?

Wendy: Bueno, creo que me va a dar más libertad para recordar los momentos agradables, y estoy segura que su hermana Caitlin va a estar feliz de participar de esto. Ha sido muy comprensiva. La vida de cada una es tan compleja y tiene tantas experiencias al respecto que supongo que podemos decidir lo que queremos recordar. Y creo que él preferiría que lo recordáramos por todo su coraje y su brillo y su belleza y su sentido del humor.

Michael: Y su perseverancia, y...

Wendy: Recuerdo que Caitlin dijo una vez, "¿Y qué tal si Ted no estuviera aquí?". "Pues no sería muy divertido sin Ted". Porque él vivió gran parte de su vida "al máximo" —tanto lo bueno como lo malo. Pero lo que sí es que se entregaba a cada situación en la que se involucraba y la organizaba y le metía energía. Ése sería un bello epitafio, ¿no?

Michael: Me gustaría haber conocido a tu Ted, pero de algún modo lo conocí aquí hoy, ya que evocaste su imagen, y me siento muy triste de que Ted haya pasado por lo que pasó, pero supongo que también supe y entendí muchas otras cosas de lo que representó su existencia. Te agradezco que hayas hablado de él tan libremente y que hayas evocado su imagen como lo hiciste, aunque al principio estabas muy aprensiva. Y si quieres que tengamos otra conversación, me daría mucho gusto volver a verte.

Wendy: Gracias Michael, me gustaría. Veré como voy, porque podría ser útil continuar, y siento que si lo grabara podría revisarlo.

Michael: Y si no podemos vernos pronto, no dudes en escribirme. Déjame saber cómo van las cosas a partir de esta conversación.

Wendy: Sí, creo que abrirá un nuevo camino, eso espero. Siento como si me hubiera quitado un peso de encima.

Michael: ¿Lo sientes, físicamente? ¿Dónde?

Wendy: Me lo quité de los hombros.

Michael: ¿De tus hombros?

Wendy: Sí. Siento que este inmenso dolor pesa menos. Es fantástico.

Michael: Eso ya es bastante.

Wendy: Sí, sí. Y siento que me vuelvo a conectar mejor con él. Con su lado positivo.

Michael: Claro.

Wendy: Porque de muchas maneras creo que él era protector. Trató de protegerme, de mantenerme alejada de lo horrible, y eso es bueno.

Michael: ¿Y esto es un acto de qué?

Wendy: ¿Perdón?

Michael: ¿Este es un acto de qué?

Wendy: Un acto de amor.

Michael: Un acto de amor.
Wendy: Sí.

No he tenido la oportunidad de estudiar la historia cultural del suicidio o de estudiar el suicidio como un fenómeno. Pero sí sé que no todas las formas de suicidio en todas las culturas representan la transgresión final —de hecho, en algunas circunstancias, se considera como un acto de honor, en otras una necesidad. En nuestras conversaciones con amigos, familiares, vecinos y conocidos de las personas que se quitan la vida, podemos investigar, celebrar y valorar los "significados internos" del suicidio. El suicidio se llega a percibir como un acto consciente, y en el proceso se visibilizan la vida y los valores de las personas. Esto puede permitir que los seres queridos se sientan vinculados a la persona que ha muerto, de un modo más significativo.

CAPÍTULO 11

Terapia de pareja

INTRODUCIR A LAS PAREJAS EN UNA AVENTURA

Vivimos en una cultura que tiene la tradición de objetivar a las personas y a las relaciones mediante la descripción de problemas; se considera que los problemas son inherentes a las personas o intrínsecos a las relaciones. Es decir, las personas y las relaciones son vistas como las fuentes de los problemas que las personas experimentan en su vida. El problema es el carácter de la persona, un déficit propio, una carencia o defecto, o algo en la cualidad de la relación. En la psicología, estas prácticas son institucionalizadas mediante instrumentos que clasifican los trastornos de las personas. Recientemente, uno de estos instrumentos, el DSM-III, está teniendo muchísimo éxito.

EL POSITIVISMO

Cómo es que se posicionó tanto "el progreso". Hay muchos eventos, interrelacionados en su mayoría, que contribuyeron a las posibilidades de individualización de las personas y a la creación de discursos de internalización. Uno de los desarrollos que contribuyó a la individualización de las personas fue el surgimiento del positivismo. El positivismo es un planteamiento para entender los acontecimientos del mundo, que propone que se puede conocer directamente el mundo —que es posible para los observadores de ciertos fenómenos el conseguir un conocimiento objetivo de la realidad, identificar "los hechos en bruto" y descubrir la "verdad" del mundo. El positivismo, en sus intentos por llegar a estas verdades, emplea un método reduccionista: es consistente en esforzarse por reducir la complejidad de los fenómenos a elementos básicos, que luego se consideran los bloques de construcción de los fenómenos en cuestión. Estos elementos pueden categorizarse y clasificarse, y es factible "descubrir" las leyes universales que gobiernan tales fenómenos en todas partes y todo el tiempo.

Cuando el positivismo se aplicó a las ciencias humanas, las personas fueron sometidas a la valoración de observadores armados con técnicas de evaluación y se consideraba que estos observadores eran objetivos y que, por lo mismo, no estaban implicados en la construcción de las realidades que surgían. Los fenómenos complejos, como los que se reflejan en el comportamiento humano, fueron reducidos a ciertos elementos considerados ladrillos que construían ese comportamiento —ciertos rasgos, impulsos, necesidades, complejos de deseo, etcétera. El comportamiento y la organización social que fueran considerados de algún modo problemáticos, eran evaluados como desórdenes en estos elementos básicos. Como tal, se podían categorizar y luego clasificar. De este modo, la clasificación podría representar la verdad de una persona.

En la historia de las psicologías, hemos visto el desarrollo de varios enfoques importantes para entender el comportamiento humano y la organización social. Estos enfoques fueron influidos por el pensamiento positivista. De estas psicologías, las que más éxito tuvieron son aquellas que parten de la premisa de que el comportamiento humano y la organización social reflejan, de varios modos, la estructura de la mente o del sistema emocional. Se las suele llamar psicologías de lo profundo; sus métodos se sustentan en el positivismo, e involucran a las personas en discursos de internalización. Estas psicologías no sólo predominan en el campo profesional; también han tenido un éxito rotundo en el ámbito de la cultura popular.

EL POST-POSITIVISMO Y LA DECONSTRUCCIÓN

En estas notas, discuto alternativas a la terapia positivista: prácticas de deconstrucción, en particular relacionadas con el trabajo con parejas. La externalización del problema nos suele brindar un punto de entrada a estos procesos. Mediante un proceso de cuestionamiento, la externalización de los fenómenos asume más y más capas, conectándose cada vez más con el contexto, en tanto se prosigue en este proceso. Es así que tiende a introducir a las parejas en una aventura.

Preguntas en torno a la influencia del problema

PREGUNTAS DE INTERPRETACIÓN

Incluyen aquellas preguntas relacionadas con las conclusiones, actitudes y percepciones de la relación de pareja que parecen estar inspiradas por la experiencia del problema que tiene una de las personas en la pareja. Estas preguntas introducen discursos de externalización. Primero, se objetiva el problema y luego se objetivan las conclusiones:

- ¿Cómo ven que este problema se refleja en su relación?
- Hablen de las conclusiones a las que condujo este problema, en cuanto a su relación.

- ¿Cómo afectó este problema su forma de percibir la relación?
- ¿Qué tipo de opiniones se han formado de su relación desde que cayó bajo la influencia del problema?
- ¿Qué tipo de observaciones acerca de la relación parecen reforzarse con este problema?

PREGUNTAS RELACIONADAS CON LAS PRÁCTICAS

Éstas incluyen preguntas relacionadas con las prácticas, estrategias y técnicas que parecen estar dictadas por el problema:

- ¿De qué maneras ha influido este problema en la interacción entre ustedes?
- En respuesta a este problema ¿cuáles son las estrategias que cada uno de ustedes mira que la otra persona en la pareja emprende?
- ¿Cuáles son las técnicas a las que se sienten obligados a recurrir para relacionarse entre ustedes?

Preguntas relacionadas con los efectos reales

PREGUNTAS RELACIONADAS CON

LOS EFECTOS DE LA INTERPRETACIÓN

Estas preguntas alientan a las personas a identificar los efectos reales de estas interpretaciones en las respuestas de la pareja y en las prácticas en la relación:

- ¿Cómo piensan que estas conclusiones han afectado lo que hacen en esta relación?
- ¿Cómo ha influido la percepción de su relación en las respuestas que se ofrecen mutuamente?

• ¿De qué modo piensan que estas opiniones podrían estar moldeando los patrones en su relación?

• ¿Piensan que, de algún modo, estas observaciones les llevan a cuestionamientos mayores entre ustedes?

PREGUNTAS RELACIONADAS CON LOS EFECTOS DE LAS PRÁCTICAS

• Según ustedes, ¿qué le están haciendo estas tendencias a sus relaciones?

• ¿Cómo afectan su relación estas estrategias?

• ¿De qué maneras moldean esas técnicas su relación?

Contexto de la interpretación y preguntas relacionadas con las prácticas

ÁMBITO DE LA HISTORIA

Estas preguntas alientan a las personas a identificar la historia de las experiencias, saberes y prácticas que hacen posibles las interpretaciones. Estas preguntas desafían las explicaciones basadas en las ideas de la voluntad, los "intereses" y el destino.

Historia de las experiencias

• ¿Qué experiencias han tenido en el pasado que les permitieron alcanzar estas conclusiones sobre su relación?

• ¿Qué acontecimientos son los que más han contribuido a facilitar esta percepción de su relación?

• ¿Cuáles son las circunstancias que han atravesado que más les han llevado a formular esta opinión sobre su relación?

• ¿Llegaron fácilmente a estas observaciones acerca de su relación. En qué experiencias se basan?

Historia de los saberes

- ¿Qué perspectiva de las relaciones necesitan tener para alcanzar estas conclusiones?
- Históricamente, ¿de dónde obtuvieron esta perspectiva de las relaciones que sentó las bases para percibir su relación de esta manera? ¿Cuál es esta perspectiva?
- ¿Qué tipo de expectativas o especificaciones necesitaron tener acerca de lo que son las relaciones que funcionan para formarse esta opinión sobre la de ustedes?
- ¿En contra de qué ideas acerca de las relaciones tuvieron que evaluar las suyas para poder hacer estos juicios?
- ¿Es una relación, una amistad, una convivencia, un arreglo económico, un arreglo moral, algo conveniente, o algo como una tremenda rivalidad? ¿De dónde surge el modelo para esta relación?

Historia de las prácticas

- En general encuentro que la mayoría de las parejas no inventa tanto como piensa. ¿Dónde presenciaron estas prácticas antes?
- ¿Estas estrategias son exclusivas de su relación o las han observado en otras relaciones?
- ¿Cuál fue la primera situación que les expuso a estas técnicas para relacionarse?

EL CAMPO DE LOS ESPACIOS/ESTRUCTURAS SOCIALES

Estas preguntas alientan a las personas a identificar los espacios y/o estructuras sociales que posibilitan las interpretaciones y prácticas.

- ¿En qué situaciones esperarían ver circular más estas opiniones en torno a las relaciones?
- ¿En qué contextos es más probable que se refuercen estas ideas sobre cómo deben ser las relaciones?
- ¿Quiénes son las personas que más sostendrían estos puntos de vista sobre las relaciones y qué tanta influencia tienen?
- Si tuvieran que cuestionar estas actitudes acerca de las relaciones, ¿de dónde vendría la mayor presión para conformarse?
- Socialmente, ¿cuál sería el costo para ustedes si decidieran liberar su relación de estas prácticas? ¿Quiénes son las personas cuyas expectativas se verían más afectadas?
- ¿En qué contextos esperarían encontrar estas estrategias de un modo más común? ¿A qué justificaciones se suele recurrir para sostenerlas?
- ¿En qué lugares determinan estas técnicas las interacciones entre las personas?

Preguntas acerca del reclutamiento

Estas preguntas se relacionan con los procesos mediante los cuales se recluta a las personas en saberes y prácticas de relación específicos:

- ¿Cómo les reclutaron en esta perspectiva sobre lo que deben de ser las relaciones?
- ¿Cómo les entrenaron a moldear su relación según estas recetas?
- ¿Qué fuerzas ejercieron presión para que se conformaran con esta versión de las relaciones?
- ¿Cómo se les alentó a vivir su relación a través de estas prácticas?
- ¿Cómo se reclutó su apoyo para estas tácticas de relación?

Preguntas sobre los efectos del reclutamiento

* Una vez que abrazaron esta perspectiva, ¿cómo moldeó ésta el curso de su relación?
* ¿Cómo afectó este reclutamiento su actitud hacia la relación?
* ¿Cómo les hizo tratar su relación?
* Como reclutas, ¿de qué maneras dictan el futuro de su relación estas prácticas?

RECONSTRUCCIÓN

Estas notas detallan algunos de los aspectos que deconstruyen el enfoque positivista, pero no detallan una reconstrucción. Están, por lo tanto, incompletas. Así como el proceso de deconstrucción busca llevar a las parejas en una aventura, el proceso de reconstrucción busca permitir que las personas se involucren drásticamente con sus propias vidas. Donde sea posible, los terapeutas y otras personas pueden orientarse hacia el misterio implícito en todo esto.

Las prácticas de reconstrucción incluyen cuestiones que derivan en un solo resultado, preguntas de re-autoría (incluidas las del paisaje de acción y del paisaje de la conciencia), preguntas sobre la transformación, preguntas sobre prácticas alternativas, sobre la circulación de saberes alternos, y más. También, en la práctica, el trabajo que discutimos aquí debería estar enmarcado siempre por el análisis de los asuntos de género y su política.

Epílogo: la conversación continua

Cheryl White

Reunir en este libro los escritos no publicados de Michael y considerar los legados derivados de su trabajo implica mirar al pasado y al futuro. Implica consideraciones personales y colectivas. Michael y yo nos conocimos hace 37 años y vivimos juntos los primeros 36. A continuación brindo algunas de mis reflexiones e incluyo las perspectivas de profesionales de numerosos países diferentes. La generosidad de todas las personas que respondieron a la invitación fue la que posibilitó este libro:

Hola, soy Cheryl. Les escribo para solicitarles algo muy especial. Probablemente sepan que estamos elaborando un libro con escritos no publicados de Michael White. Al revisar estos documentos, nos encontramos con verdaderas joyas. Ha sido un proceso muy bueno. Es una tarea delicada, a la vez que atractiva e estimulante. El libro está quedando muy bien, y está casi terminado.

Tras reflexionar un poco, decidimos invitar a profesionales de muchos países y culturas diferentes a que se involucraran en el desarrollo del epílogo. Por este motivo les escribo ahora. Me pregunto si les gustaría contribuir de alguna manera.

En este epílogo, queremos considerar los modos en que las ideas de Michael se han estado llevando a cabo e involucrando en muchos contextos diferentes. Preparamos una serie de preguntas y ahora estamos invitando a muchas personas a que las respondan. Después, las respuestas de las personas se recopilarán en una pieza colectiva. Esperamos que esto nos permita crear un rico tapiz de perspectivas. Por supuesto, les daremos reconocimiento a todas las personas que contribuyan en este proceso.

Tan pronto como envié esta invitación, empezamos a recibir, de muchas partes del mundo, respuestas atentas y desde el corazón. Antes de compartir lo que incluían estas respuestas, me gustaría llevarles a la época anterior al momento en que se acuñó la expresión *terapia narrativa*. Les quiero dibujar el contexto social que posibilitó el desarrollo de la práctica narrativa. No se pueden apreciar los documentos de este libro ni los legados del trabajo de Michael sin entender este contexto social.

Michael nació en 1948, justo después de la segunda Guerra Mundial. Aquí en Australia, muchos hombres de las generaciones de nuestros padres y abuelos sirvieron en las fuerzas armadas durante las dos guerras mundiales. La generación a la que pertenecemos creció a la sombra de estas dos guerras, y luego vino la Guerra de Vietnam. Michael y yo nos conocimos cuando estudiábamos Trabajo Social, pero aprendimos a conocernos en una manifestación contra la Guerra de Vietnam. Estas manifestaciones representaron un cambio profundo en las relaciones entre generaciones. Estábamos seguros de que la generación anterior estaba equivocada, que rápidamente recurriría a respuestas militares y que no podía considerar alternativas. Esa generación pensaba que los que nos manifestábamos éramos idealistas, ingenuos. Pensaba que nos manipulaban fuerzas comunistas ocultas. Sus reacciones no nos disuadieron. Era como si parte de la generación más joven se hubiera levantado. Cuando las tropas australianas regresaron a casa, cuando se volvió obvio, para la mayor parte de la población, que el movimiento de protesta había contribuido a un cambio de actitud hacia la guerra, fue como si el tejido social de Australia cambiara de alguna manera. Era como si quienes pertenecíamos a la generación más joven tuviéramos ahora una renovada confianza para cuestionar a la autoridad y desafiarla. Ya no teníamos un acuerdo incondicional con las generaciones anteriores. No es que fuéramos groseros o maleducados: estábamos "empoderados". Estábamos energizados. Era un tiempo donde todo era posible. Pensábamos que el mundo iba a cambiar, y que seríamos parte de ese cambio.

También fue la época de la liberación de la mujer, que más tarde se conocería como movimiento feminista. Vimos cómo cambiaban las familias y las relaciones a nuestro alrededor. Estaban cambiando las interacciones entre hombres y mujeres, que durante tanto tiempo se habían dado por sentadas. Sentíamos que las cosas podían cambiar, incluso que era inevitable, y eso desde muchas direcciones.

¿Por qué es importante mencionar este contexto social para considerar el trabajo de Michael y el desarrollo de la práctica narrativa? Según yo, están directamente relacionados. Eran tiempos en que los movimientos sociales desafiaban la autoridad que se asumía en muchas áreas. Al principio, nuestra atención estaba puesta en la Guerra de Vietnam y en el feminismo. Pero luego el foco cambió. Junto con muchas otras personas, Michael decidió desafiar las autoridades que se asumían inamovibles en los servicios de salud mental y de psiquiatría y comenzó a proponer alternativas.

A partir de los años sesenta, escritores como Michel Foucault, Erving Goffman, R. D. Laing, Thomas Szasz, y Franco Basaglia comenzaron a criticar las prácticas que se solían aceptar en la psiquiatría, y la influencia de los entendimientos psiquiátricos en la sociedad en general. Los movimientos de consumidores/sobrevivientes —la gente que había sufrido humillaciones en las instituciones de salud mental— también empezaron a reclamar un cambio. Habíamos visto que un movimiento social podía detener una guerra. Y que el movimiento feminista podía cambiar las formas en que se relacionaban entre sí y con la vida mujeres y hombres. En muchos países diferentes, la gente decidió alterar las formas en que sus sociedades respondían a quienes se sumían en la angustia social y emocional, y esto se volvió una pasión en la vida de Michael. Este compromiso condujo al desarrollo de lo que hoy conocemos como terapia narrativa.

Con el optimismo y la determinación que acompañaron este compromiso, también estaba la emoción, la aventura y la colaboración. Cuando Michael conoció a David Epston a principios de los años ochenta, su colaboración se caracterizó por la diversión y el entusiasmo. Nunca les costó quedarse despiertos hasta altas horas de la madrugada hablando de lo que otras personas llamarían "trabajo". En aquella época, el dinero escaseaba en nuestro hogar y las llamadas de larga distancia eran caras. Teníamos que ahorrar para que Michael llamara a David a Nueva Zelanda. Las conversaciones eran algo así: "¡No sabes a quién vi hoy en terapia! Había un niño haciendo esto y luego ese papá, esa mamá haciendo lo otro, y lo que hice…, lo que intenté…, lo que no funcionó…" o bien, "Eppy, tengo que hablar contigo. Probé esto y nada funcionó y los tengo que ver de nuevo mañana. No sé qué hacer ni cómo manejarlo". Era una colaboración, una amistad, era compañerismo. Significaba que Michael siempre tenía alguien a quien llamar y con quien compartir todos sus errores y todas sus esperanzas. Sin esta amistad, los documentos que se incluyen en este libro no existirían.

Antes de considerar el futuro, me gustaría mencionar otro tema del pasado. Tiene que ver con la irreverencia. El desarrollo de ideas narrativas era parte de un reto determinado y comprometido ante las ideas que existían en el sistema de salud mental. Había a la vez irreverencia y muchas risas. Michael era un poco alocado, y supongo que nuestros orígenes sociales tuvieron algo que ver con eso.

Crecí en una granja y mi hermano, Peter, fue la primera persona de la familia en terminar el bachillerato. Michael venía de una familia de la clase obrera, y su hermana fue la primera persona de la familia que terminó el bachillerato. El trabajo social y el campo de la salud mental eran ocupaciones reservadas para la clase media. Pero cuando empezamos, en realidad no nos relacionábamos con las formas usuales. Éramos atrevidos, escandalosos. Diría incluso que un poco groseros a veces. Y nos reíamos mucho.

El hecho de ser ajenos a las profesiones de la clase media hizo que con frecuencia Michael le diera la vuelta a muchas situaciones. En la etapa en que fue terapeuta en hospitales psiquiátricos, se pensaba que las personas que escuchaban voces, las personas que experimentaban psicosis, no tenían nada que ofrecer. No eran vistas como personas que podían hablar de su propia experiencia. No eran vistas como personas íntegras, sino como "los otros", que había que esconder. Michael trabajó en un hospital psiquiátrico estatal y sus modos de relacionarse con las personas eran diferentes a las formas "profesionales" habituales. Hay una historia que lo ilustra muy bien.

Para llegar a ese hospital psiquiátrico, Michael caminaba desde la casa y atravesaba un parque. Un día, perdió el botón de sus pantalones y se le caían. Se volvió un verdadero problema sostenerlos mientras caminaba. Con todo, logró llegar al hospital psiquiátrico y se sentó para su cita con Sam, un "paciente" que estaba en el pabellón cerrado porque escuchaba voces. El equipo de terapia familiar estaba sentado detrás de la cámara de Gessel. La conversación que compartieron fue algo así:

Michael: ¿Sam, has tenido miedo de que pase algo que no quieres que pase?
Sam: Claro.
Michael: ¿Has tenido pesadillas con las cosas que te dan miedo?
Sam: Sí, a veces.
Michael: ¿Y has estado alguna vez en esta situación en que la pesadilla realmente ocurre? ¿Se vuelve realidad? ¿Una situación en la que las cosas que de verdad te preocupan llegan a suceder?
Sam: Sí, claro. Entiendo lo que quieres decir. Me ha pasado unas cuantas veces.
Michael: ¿Alguna vez soñaste que los pantalones se te caían hasta los tobillos?
Sam: ¡Sí!
Michael: Pues eso me pasó mientras venía para acá. Perdí el botón y los pantalones se me empezaron a caer.
Sam: [*En este momento, Sam se empezó a preocupar bastante.*] ¡Oh! Sé a qué te refieres; es tener el peor miedo de que algo te pase, pensar que va a suceder… y que luego suceda. ¿Y qué hiciste?
Michael: No me fue bien, y sigo sin el botón. Lo trato de esconder. ¿Qué crees que deba hacer?
Sam: ¿Sabes qué? Voy al pabellón porque tengo un seguro para ti.

Sam regresó con un seguro y la consulta siguió, aprovechando el impulso y el compañerismo que se habían creado. Detrás de la cámara de Gessel, el equipo estaba encantado porque esta interacción le había dado la vuelta a las relaciones de poder acostumbradas. De repente, la persona que vivía con voces contribuía con el terapeuta y literalmente lo ayudaba a sostener sus pantalones en su lugar. Para Michael, fue una conversación normal, de dignificación y de enaltecimiento. Pero esto iba totalmente en contra de la cultura profesional de la época. En aquella época, solicitar y reconocer las sugerencias, ideas y contribuciones de los "pacientes" era algo de lo más irregular.

Sólo queda un asunto del pasado que quisiera mencionar antes de voltear hacia el futuro. Tiene que ver con el acercamiento independiente de Michael a la academia en relación al origen de las prácticas terapéuticas. Michael no era un investigador convencional. De hecho, era muy escéptico en relación a la academia y la investigación normativa y se mantuvo fuera de las instituciones oficiales a lo largo de su vida laboral. Desde principios de los años ochenta, su determinación fue la de construir un centro independiente que pudiera fomentar el pensamiento creativo fuera de cualquier burocracia. Durante la mayor parte de su vida, las ideas de Michael fueron vistas como al margen de lo establecido —incluso fueron vistas como "radicales". Las ideas narrativas no se aceptaron en muchas instituciones convencionales sino hasta hace unos años. Por un lado, este cambio hacia el futuro representa la continuación del compromiso de Michael por desafiar los entendimientos convencionales del sistema de salud mental. Por otro, parece importante seguir con el desarrollo académico independiente de las prácticas narrativas. Michael se basó en dos fuentes distintas para sus ideas. Primero, en su extensa práctica. Siempre habló de los modos en que el desarrollo de la terapia narrativa era el resultado de una co-investigación con las familias con las que consultaba. Segundo, se basó en escritores ajenos al campo (como Bateson, Bruner, Myerhoff, Vygotsky, Foucault, Derrida, y Deleuze). David Epston le introdujo a muchos de estos autores. Cuando Michael se involucró con ellos, no sólo los leyó una o dos veces, sino que estudió sus escritos. Leyó todo lo que pudo encontrar de ellos, y muchos comentarios acerca de su trabajo. A eso me refiero cuando hablo de su enfoque académico.

Creo que este libro, esta recopilación de escritos de Michael, transmite los temas que he mencionado aquí:

• Su pasión y compromiso por contribuir a cambiar las relaciones de poder del sistema de salud mental.
• La emoción, el entusiasmo y el sentido de colaboración en la aventura que caracterizó la constante invención de ideas y prácticas de Michael y David.
• La irreverencia y el humor que Michael infundía en las relaciones con las personas con las que trabajaba.
• Un enfoque académico independiente que combinaba rigurosamente la práctica con el desarrollo de ideas nuevas.

Sólo me queda un punto que mencionar. Michael era muy trabajador. A lo largo de su vida laboral, Michael vio a familias, escribió y enseñó con una vitalidad y una determinación que le significaron entrar en contacto con profesionales de muchas culturas y de muchos países. Así, sus ideas se enraizaron en una gran diversidad de contextos. Gracias a las respuestas de algunas de estas personas, voy a esbozar algunas de las repercusiones que tuvo el trabajo de Michael y hablar de los modos en que quienes hacen terapia y trabajo comunitario siguen creando formas narrativas en muchos países diferentes.

RESPUESTAS NARRATIVAS AL TRAUMA:
DE RUANDA A PALESTINA

Algunos de los desarrollos más importantes en relación a la práctica narrativa tienen que ver con las respuestas al trauma. Los terapeutas de Ibuka, la asociación nacional de sobrevivientes del genocidio en Ruanda, en colaboración con la *Dulwich Centre Foundation International*, desarrollan modos en que las ideas de la terapia narrativa se puedan usar para trabajar con los problemas de memoria que provocan los traumas importantes (ver Denborough, 2010a; Denborough, Freedman y White, 2008). De un modo semejante, en Palestina, en el Centro de tratamiento y rehabilitación de Ramallah se están desarrollando formas de la práctica narrativa que puedan resonar culturalmente (ver Abu-Rayyan, 2009).

CONSULTORÍA ORGANIZACIONAL
Y *COACHING*

En Europa y en otras partes del mundo, las ideas de la práctica narrativa se usan hoy en la consultoría organizacional, en el *coaching* y en comunidades laborales —sobre todo en Dinamarca y en Francia (ver Blanc-Sahnoun, 2010; Freedman y Combs, 2009; Laplante y De Beer*; Sørensen*). Pierre Blanc-Sahnoun explica:

Utilizamos enfoques narrativos para responder a las comunidades laborales que se confrontan con el suicidio en el espacio de trabajo; con dificultades y crisis económicas; con planes de despido; con la destrucción de las plantas locales, etcétera. Trabajamos con la administración local para revelar que la "resistencia al cambio" no es una disfunción sino una prueba de la inteligencia colectiva y un tributo a los valores y esperanzas de la localidad. Encontramos formas de deconstruir el relato global del "desempeño gerencial" con la esperanza de construir comunidades de trabajo fuertes y equilibradas y culturas y prácticas laborales respetuosas. (Blanc-Sahnoun*).

SEGUIR CON LAS EXPLORACIONES TEÓRICAS

Siguiendo el ejemplo de David Epston y Michael White, muchos practicantes de la narrativa se siguen comprometiendo con ideas que no pertenecen al campo de la terapia e inspirándose de éstas. Esto implica involucrarse con los escritos de Deleuze (Carey*; Winslade, 2009), de Vygotsky (Kutuzova*), de Ricoeur, de Revel, de Levi, y de Proust (Laplante y De Beer*). David Epston sigue introduciendo a nuevos escritores y pensadores en el campo (incluida Hilde Lindemann Nelson). Uno de los conceptos de Michael, que se siguen explorando, implica lo "ausente pero implícito". Creemos que el Capítulo 9 de este libro, "Revaluación y resonancia. Respuestas narrativas ante experiencias traumáticas", brinda a los profesionales más herramientas de pensamiento en relación a este concepto. En cuanto a otros escritos recientes sobre el tema, ver Carey, Walther, Russell (2009) y *Working with Memory in the Shadow of Genocide: the Work of the Trauma Counselors of Ibuka* (Denborough, 2010a).

LA INVESTIGACIÓN

Michael era muy escéptico respecto a lo que llamaba la *investigación secundaria* (junto con David Epston, entendían la terapia como una forma de co-investigación directa con las familias), pero hoy en día, existen muchos proyectos de investigación creativa. Muchos están documentados en un archivo de investigación reciente, en la página del *Dulwich Centre* (www.dulwichcentre.com.au/narrative-therapy-research.html). Este archivo incluye información sobre la investigación innovadora de Lynn Vromans sobre procesos y resultados de la terapia narrativa (Vromans y Schweitzer, 2010); la investigación sobre terapia narrativa y trauma de John Stillman (Stillman*); las exploraciones de Jim Duvall y Laura Béres que enlazan la práctica terapéutica narrativa, la capacitación y la investigación (Duvall y Béres, 2011).

LA PRÁCTICA NARRATIVA PARA DESENCADENAR ACCIONES SOCIALES Y DESARROLLO ECONÓMICO

El trabajo de Caleb Wakhungu con el proyecto de la *Mt. Elgon Self-Help Community*, basados en la Uganda rural, es un claro ejemplo de las repercusiones de las enseñanzas de Michael. Michael dio clases en Uganda en 2006, y los conceptos narrativos se usan hoy en *Mt. Elgon* para provocar proyectos de acción social y desarrollo económico y con el fin de que "la gente alce la cabeza más allá de las nubes" (Wakhungu*). Estos proyectos involucran a niños, niñas, jóvenes y gente adulta y los resultados son alentadores. Si hay un proyecto que nos gustaría que Michael viera, sería éste (ver Denborough, 2010b).

ENCUENTRO EN LA TRADUCCIÓN

A medida que las terapeutas y los terapeutas que trabajan en idiomas diferentes al inglés se involucran con las ideas narrativas, el proceso de traducción crea nuevas formas de práctica. Es un proceso que promete nuevos entendimientos y modos de trabajar en nuestro campo. Teniendo esto presente, marcela polanco, Natasha Savelieva, y Daria Kutuzova crearon el proyecto "Encuentro en la traducción" (ver también polanco y Epston, 2009; Uribe*; Grandesso*). Son exploraciones muy diversas que van del involucramiento de Yishai Shalif's con ideas narrativas en comunidades judías ortodoxas en Israel (Shalif*) a la práctica creativa de Sekneh Hammoud-Beckett's con jóvenes de ascendencia musulmana en Sidney, Australia, que ella describe a continuación:

> Nací en una familia musulmana libanesa con una tradición narrativa muy rica. En mi infancia, estuve rodeada por los *Cuentos de las mil y una noches*. Cuando trabajo con otras personas que hablan árabe, las prácticas narrativas me conectan con formas de contar historias que preservan y honran nuestras vidas. Sin embargo, hay complejidades. Por ejemplo, en el idioma árabe, los nombres son referidos como masculinos o femeninos. Las expectativas y los significados subyacentes en cuanto a género están implícitos en cada palabra que pronunciamos. La perspectiva narrativa me ayuda a responder a los dilemas que esto evoca a veces. Me invita a tomar una postura de curiosidad y de respeto para tratar los modos en que la historia, la política, y el contexto moldean nuestras vidas, y a rondar los efectos de las formas del lenguaje en vez de imponer entendimientos occidentales universales. (Hammoud-Beckett*).

DIVERSAS FORMAS DE DOCUMENTAR LA TERAPIA

El libro que marcó el inicio del desarrollo de la terapia narrativa se llamó *Medios narrativos para fines terapéuticos* (White y Epston, 1990). Introdujo, en el campo de la terapia, la idea de la documentación y las cartas terapéuticas. Hoy, quienes son terapeutas de la práctica narrativa siguen explorando el uso de diversas formas de documentación, incluidos documentos vivos que se desarrollan en el tiempo y a los que contribuyen distintas personas (Newman, 2008); caricaturas (Ord y Emma, 2009); dibujos (Colic, 2007); canciones (Denborough, 2002, 2008; Wever, 2009; Hegarty, 2009); "narragramas" (Bera*) y talismanes (Kutuzova*). Algunos profesionales están transformando los informes rutinarios de otros terapeutas en escritos identitarios colaborativos (Stockell*). Además, muchas personas en contextos diferentes se están involucrando con los documentos narrativos colectivos (Denborough, 2008) como en Vietnam (Stillman*) y en México (DíazSmith*). En el Reino Unido, Carry Gorney dirigió hace poco un proyecto narrativo que tenía que ver con documentación: grabó en video tiernas interacciones y situaciones entre madres jóvenes y sus bebés. Este proyecto tuvo tanto éxito en ayudar a madres jóvenes "en riesgo" que se está replicando en comunidades de refugiados en Liverpool (Fox*). Pareciera que las posibilidades de documentar la terapia narrativa de diversas maneras son ilimitadas.

EL TRABAJO CON COMUNIDADES ABORÍGENES

Desde mediados de los años ochenta, Michael ha colaborado con colegas aborígenes de Australia, y los legados de estas alianzas continúan.

Barbara Wingard sigue participando de forma muy activa en el trabajo de la Dulwich Centre Foundation, en una serie de proyectos en comunidades aborígenes. Uno de estos proyectos culminó recientemente en la publicación y grabación de Yia Marra: Good stories that Keep Spirits Strong —from the People of Ntaria/Hermannsburg (Denborough, Wingard y White, 2009). En varias comunidades, los colegas aborígenes también se involucraron con el enfoque narrativo del Árbol de la vida (Dulwich Centre Foundation, 2009). Hace poco, Barbara Wingard desarrolló un guion para conversaciones de externalización en relación a la "violencia lateral" (Wingard, 2010), para facilitar un diálogo que ayude en los conflictos en las comunidades aborígenes. Los trabajadores de Link-Up abrazaron los enfoques narrativos de una manera muy creativa, respondiendo a las personas aborígenes que intentan volver a conectarse con miembros de la familia de los que fueron separadas. Como describe Shona Russel: "Éstos son los modos en que se usan las prácticas narrativas para responder a los efectos de la injusticia histórica que persiste en Australia" (Russell*).

Michael también participó en el proyecto *Neighbouring Communities* en 2006 y 2007, en las afueras de Toronto, Ontario. El proyecto buscaba tratar el conflicto entre la gente de la Reserva *Six Nations* y los ciudadanos de Caledonia, que resultaba de una disputa por el territorio. Los efectos positivos de este proyecto siguen (Duvall*).

RIGUROSOS PROGRAMAS DE CAPACITACIÓN EN TERAPIA NARRATIVA

Hoy, existen más oportunidades que nunca para que los practicantes se capaciten en enfoques narrativos. Los talleres y programas de capacitación se pueden encontrar en muchos países, como Australia, Nueva Zelanda, Israel y Estados Unidos, y las posibilidades siguen creciendo. Los desarrollos recientes incluyen extensos programas de capacitación en terapia narrativa, establecidos en Singapur y en Grecia. En el Reino Unido nació un nuevo instituto, y se están planeando más conferencias de terapia narrativa en Europa. También empezó un programa de colaboración de tres años entre el *Dulwich Centre* y el *Trauma and Rehabilitation Center for Victims of Torture and Trauma* en Ramallah, Palestina. Todo esto además del diplomado internacional en terapia narrativa y trabajo comunitario del *Dulwich Centre*, que cada dos años integra a profesionales de diferentes partes del mundo. Otras iniciativas relacionadas con la formación en terapia narrativa incluyen el libro en castellano de Martha Campillo (2009) sobre la enseñanza de las prácticas narrativas y el desarrollo de la "escalera de preguntas" de Geir Lundby, que busca ayudar a la gente a involucrarse en el mapa de andamiajes de la práctica narrativa (Lundby*). En los últimos cinco años, ciertas ideas de Michael relacionadas con el trabajo con hombres cuyos abusos impactaron mucho en la población de las cuatro entidades que conforman las Provincias Atlánticas de Canadá (Augusta-Scott*) fueron difundidas en el entrenamiento que imparte Tod Augusta-Scott. Pero estas iniciativas sólo son algunos de los desarrollos que tienen que ver con la formación. Parecería que cada dos semanas surge en alguna parte del mundo algo nuevo relacionado con programas de formación en terapia narrativa.

PRÁCTICAS NARRATIVAS
FUERA DEL CAMPO TERAPÉUTICO

Las ideas narrativas están cada vez más presentes en las salas de asesoramiento y en los consultorios, pero también en una gran variedad de otros campos: por ejemplo, en las propuestas que existen en relación con el hostigamiento escolar, y en los proyectos de mediación y justicia de remediación (Winslade*). El enfoque de la narrativa del Árbol de la vida (Ncube, 2006; ver también www.dulwichcentre. com.au/tree-of-life.html) se está usando mucho con niños en escuelas y en contextos de grupo. También está El equipo de vida (Denborough, 2008), que basa su intervención en metáforas deportivas que permiten que los jóvenes lidien con una experiencia traumática sin tener que hablar de ella de forma directa. El desarrollo de ambas metodologías empezó con viajes a África en que Michael participó en el último año de su vida. Otro ejemplo es el "libro de héroes" de Jonathan Morgan:

El trabajo de Michael [White] y de David Epston sirvió de base para el "libro de héroes", que es, literalmente, un documento de reautoría de relatos de vida, una copia "en papel", diseñada y elaborada con papel, hilo y tinta. En el contexto sudafricano, este trabajo está en una etapa muy emocionante ya que los libros de héroes se están incorporando a los currículos y programas de estudio nacionales: los alumnos, en el aula y en el horario de clases, realizan su propio libro de héroes a lo largo de uno o dos ciclos escolares. Mediante este acercamiento convencional y en colaboración con los gobiernos, esto tiene el potencial de llegar, literalmente, a millones de personas. Creo que a Michael le hubiera interesado ver este trabajo y ver cómo se desarrollaba su influencia de esta manera.

Creo que hubiera disfrutado ver niños y niñas con libros de héroes escritos en swahili, en zulú, en nepalés, en árabe, etcétera. Pero más le hubiera gustado ver las páginas en las que dibujan sus deseos, sus metas y los obstáculos (nombrados en la externalización) que se interponen en el camino hacia estas metas, y las páginas llamadas *"Club de vida"*, *"Tretas y tácticas"* y *"La fiesta de la remembranza"*. (Morgan*).

Prácticas narrativas virtuales y la creación de comunidades

El ámbito del internet cobra cada vez más importancia en la distribución y ulterior creación de prácticas narrativas. Está, por ejemplo, el trabajo de Daria Kutuzova, quien propuso una serie de publicaciones en ruso con libre acceso en línea:

Éstas las han encontrado y explorado personas de todo tipo. En una sociedad donde el sentido de comunidad ha sido destruido, el enfoque narrativo brinda herramientas para resaltar la importancia de reconstruir las comunidades empezando en internet, y creando comunidades unidas por una preocupación común y, poco a poco, llevando estos proyectos al espacio de la "vida real" (fuera de la red electrónica). La visión narrativa del mundo, con su actitud respetuosa hacia el interlocutor, con su insistencia en la comunidad, en las contribuciones que habilitan, en el relacionar vidas en torno a temas compartidos y en la exploración de nuevos territorios de identidad se está volviendo un fenómeno (sub) cultural que anima a las personas a crear enclaves alternos de comunicación consigo mismas y con las demás personas, brindando las herramientas para realizarlo. Por ejemplo, quienes organizaron la primera conferencia cristiana *queer* "encubierta" en Rusia (tuvo que ser "encubierta" por razones de seguridad, ya que la homofobia, la ignorancia y las agresiones son bastante fuertes en la sociedad rusa) retomaron las prácticas narrativas de "testigos externos" y las "ceremonias de definición", lo cual permitió que el ambiente de esta conferencia fuera mucho más abierto para celebrar la diversidad. (Kutuzova*).

La capacitación en línea también se está incrementando (ver Sax, 2008; Sax y Hughes*), así como las conexiones narrativas: la Red Internacional de Practicantes de la Narrativa (www.dulwichcentre.com.au/narrative-connections.html) cuenta hoy con miembros de 37 países. Desde las listas de distribución se pueden encontrar enlaces hacia una gran variedad de sitios web y de blogs relacionados con la práctica narrativa en varios idiomas.

En 2009, la presentación de *Exploraciones: una revista electrónica de prácticas narrativas* fue otro desarrollo clave en la difusión de las ideas narrativas y de los relatos acerca de la práctica. Esperamos que esta revista gratuita, que involucra a organizaciones de apoyo de muchas partes del mundo, abrirá caminos para ayudar a los profesionales de la narrativa en los países que cuentan hoy día con pocos recursos y opciones para la capacitación/supervisión, como Bangladesh, donde Maksuda Begum está tratando de introducir los enfoques narrativos (Begum, 2007).

Las ideas de Michael como fundamento para responder a comunidades en apuros

En los años que siguieron la muerte de Michael, sus ideas se han usado para responder a un abanico de comunidades que resisten dificultades. La fundación *Dulwich Centre* se estableció con ese único propósito. Hace poco se llevó a cabo un proyecto en Srebrenica, Bosnia. Para mayor información, ver www.facebook.com/pages/Dulwich-Centre-Foundation/30531674546. "La práctica narrativa colectiva" es un campo de práctica que emerge en respuesta a grupos y comunidades que experimentan dificultades (Denborough, 2008).

LAS PRÁCTICAS NARRATIVAS EN LA SALUD MENTAL

Michael estaba tan decidido a influir en el campo de la práctica de la salud mental que me parece importante incluir ejemplos de prácticas narrativas actuales en las instituciones psiquiátricas. Tenemos el ejemplo de la Clínica Universitaria de Psiquiatría para niños y adolescentes de Salzburgo, en Austria:

Llevo mucho tiempo trabajando desde una perspectiva narrativa en mi práctica privada, y sólo hasta hace poco empezamos a tratar de implementar ideas y prácticas narrativas en la sección de niños y adolescentes. Nuestro proyecto más reciente es la conceptualización de un grupo terapéutico en la sección de adolescentes. El nombre provisional del grupo es "Liberación de las voces internas destructivas". Las ideas de Michael White sobre conversaciones externalizantes están muy bien establecidas en el trabajo terapéutico que realizamos en nuestra clínica. En este grupo para jóvenes que luchan con pensamientos destructivos y de odio hacia sí mismos, tratamos de brindar ayuda para que se distancien de estas "voces internas" y descubran las tramas subordinadas de sus vidas y relaciones. Usamos, entre otras cosas, cartas que envían otras personas jóvenes que se enfrentan con problemas similares. Estas cartas incluyen preguntas para el grupo que, se supone, estimulan un examen crítico de estos problemas y una exposición de los mismos. En el contexto clínico en el que trabajo, puedo imaginar el desarrollo de un concepto influenciado por la narrativa para la estancia de los pacientes internos. (Kronbichler*).

Otro ejemplo clave es el trabajo que realizan Ruth Pluznick y Natasha Kis-sines con familias en las que el padre, la madre, o la persona a cargo de la familia tiene un problema grave de salud mental (Pluznick y Kis-sines, 2008, 2010). Este trabajo brinda espacio para que los jóvenes y los adultos rescaten sus relaciones de los efectos de los problemas de salud mental, y plantea la siguiente pregunta: "¿Qué se vuelve posible cuando dejamos de pensar en la idea de 'familias normales'?" (Pluznick*).

Existen hoy muchos más ejemplos de ideas sobre terapia narrativa con los que se involucra el campo de la salud mental; van desde programas diurnos de tratamiento en Estados Unidos (Kazan*) hasta servicios de rehabilitación de salud mental en Australia (O'Neill*) o hasta psicoeducación en Japón (Komori*).

VIDAS DE TERAPEUTAS: REFLEXIONES PERSONALES

Michael estaba sumamente interesado en el modo en que las prácticas narrativas influyen en las vidas de los terapeutas y de las personas que llegan a consulta (ver White, 1997). Después de analizar brevemente la gran diversidad de formas en que las ideas narrativas se llevan a cabo y se revigorizan en el campo profesional, parece apropiado incluir también dos reflexiones de terapeutas acerca de la forma de seguir con los legados profesionales. De los escritos de Michael, quizás "Decir hola de nuevo" (1988/1998) —con sus invitaciones a restaurar las relaciones con los que han muerto— sea el que los terapeutas mencionan con más frecuencia como influencia en sus propias vidas (Hedtke*; Navartnam*). Como lo explica Cuqui Toledo en México:

Voy a responder a esta pregunta de manera diferente, con mi propia experiencia. La primera vez que Michael White vino a México, lo conocí y le agradecí su maravilloso artículo "Decir hola de nuevo". Le dije que realmente me había dado la energía para seguir adelante. Cuando le conté cómo mi hijo había muerto de sida unos meses antes, vi lágrimas en sus ojos. Pensé que el problema era la contaminación en la ciudad, pero cuando se lo pregunté me dijo: "Estas lágrimas son porque puedo sentir el dolor por el que has pasado con esta experiencia". En este momento decidí que quería ser este tipo de terapeuta, ser capaz de unirme con la gente así como Michael lo hizo conmigo. (Toledo*).

Kaethe Weingarten describe, de forma parecida:

Hasta hoy, hubiera dicho que los marcos de trabajo de Michael para tejer puentes entre el mundo macro de las condiciones sociopolíticas y la micro-política cotidiana fueron lo que más inspiraron mi práctica: tanto en lo que hago como en lo que escribo. Hoy, veo que en muchos momentos críticos de nuestra vida familiar, las ideas de la narrativa proporcionaron una base constructiva y alentadora para tejer significado que alivió la vergüenza, la duda, y el duelo y fomentó la curiosidad y el ímpetu. Creo que el futuro del trabajo de Michael radica exactamente en este tipo de perspectiva: lo personal es lo profesional y viceversa. He tenido muchos momentos de revelación y todos me han fortalecido en mis varios roles. Las adaptaciones locales de la terapia narrativa vendrán de personas que no sólo admiran las ideas narrativas, sino de personas cuyas vidas fueron cambiadas por ellas. (Weingarten*).

Otra anécdota personal que también parece importante incluir es la de Jeff Zimmerman:

Recuerdo una conversación que tuve con Michael a finales de los ochenta. Trabajaba en aplicar las ideas de la terapia narrativa a parejas. Como siempre, Michael parecía verdaderamente curioso en cuanto a mis ideas. Después de compartirle mis pensamientos, dijo: "Parece una muy buena forma de hacerlo". Además del efecto inmediato que su comentario tuvo en mí, se abrió una puerta... ¡la libertad! Había muchas formas de hacer el trabajo que hacemos. (Zimmerman*).

LA PRÁCTICA CON TESTIGOS EXTERNOS COMO AMIGA

Hong Kong es uno de los lugares donde se expresa claramente la libertad de involucrarse con las ideas de la terapia narrativa. Como lo describe Angela Tsun on-Kee, allá, las ideas de Michael se han vuelto "amigas" de quienes las practican. Esto es particularmente cierto para las prácticas con testigos externos, a las que Michael se solía referir como las prácticas terapéuticas más potentes con las que estuviera familiarizado.

Nunca nos imaginamos lo que significaban las prácticas con gente externa que sirve para atestiguar las sesiones, hasta presenciar su impacto no sólo en las personas con las que trabajábamos, sino también en nuestras identidades personales y profesionales. En Hong Kong, muchas agencias que brindan servicios sociales desarrollaron proyectos innovadores y recurrieron a la práctica con testigos externos con todo tipo de personas: mayores, jóvenes, padres, madres y grupos marginalizados. Uno de estos proyectos, llamado el Banco de Vida, usa la práctica con testigos externos para conectar o volver a conectar jóvenes que han consumidos drogas o no, padres con hijos que han consumido drogas, y padres y madres con hijos que no han consumido drogas. Existen muchos otros proyectos, incluidos los que tienen que ver con acoso/abuso sexual y atracción entre personas jóvenes del mismo sexo. Las ideas de Michael se han vuelto amigas. (Tsun on-Kee*).

EL FUTURO

A medida que se acerca el cierre de este epílogo y volteamos hacia el futuro, parece adecuado incluir las palabras de terapeutas brasileños. A Michael le interesaron mucho sus modos de involucrarse con las ideas narrativas. Le maravillaron la vitalidad y la reflexión de las personas con quien compartió tiempo en Brasil. En 2011 se llevó a cabo la décima Conferencia Internacional de Terapia Narrativa y Trabajo Comunitario en Salvador, Brasil. Sin duda, este evento impulsó un mayor desarrollo de formas diversas de práctica narrativa. Una de las iniciativas más emocionantes es la que involucra la manera en que Marilene Grandesso combina las prácticas de la terapia narrativa con lo que se conoce como "terapia comunitaria":

Una innovación local es la unión de las prácticas narrativas con la terapia comunitaria, creada en Brasil por el psiquiatra Adalberto Barret. En el instituto que coordino, tuvimos la oportunidad de trabajar en asociación con comunidades, no sólo en la reautoría de los relatos individuales de las personas que participaban, sino también en la construcción de un "tejido" colectivo que cubriera las narrativas que organizan las identidades colectivas. En la terapia comunitaria, el uso de documentos narrativos colectivos en los rituales finales visibiliza algunos fragmentos de conversación y permite que se mantengan presentes, transformándolos en un crisol estético. (Grandesso*).

Otra terapeuta brasileña, Maria Angela Teixeira, explica con elocuencia cómo originan los profesionales formas de terapia narrativa:

Así como los escritores crean algo nuevo al usar las palabras que todos tenemos a mano, espero que como profesionales de la narrativa en Brasil creemos nuevas formas de terapia narrativa. Usaremos las palabras, conceptos y prácticas que nos brindan los que iniciaron, Michael White y David Epston, y crearemos algo nuevo con éstas. Será nuestra manera de agradecerles y honrarlos. (Teixeira*).

Esta forma de pensar converge con la historia del desarrollo de la terapia narrativa que esbocé al inicio de este capítulo. La terapia narrativa se desarrolló en un inicio en Australia y en Nueva Zelanda, en inglés, como se describe en este epílogo, pero su futuro radica en la diversidad de profesionales de la narrativa. Algunos de los desarrollos más emocionantes están ocurriendo en África, en Asia, en Medio Oriente y en América Latina, y las conversaciones se desenvuelven en castellano, en portugués, en árabe, en chino, en hebreo, etcétera.

Otra cosa importante es que las personas externas a la profesión se están involucrando hoy día con las prácticas narrativas, y las están transformando. Como lo describe Angel Yuen:

Ha sido alentador y prometedor ver cómo las personas de diversos estratos en la comunidad empezaron a involucrarse con las prácticas narrativas en sus propias comunidades. Son líderes en la comunidad, pastores, personas que recurren a los servicios de salud mental y trabajadores comunitarios de varias culturas. De ahí la emoción de imaginar el futuro de la práctica narrativa con más plataformas creadas para niños, jóvenes y adultos de comunidades diferentes y marginadas, en donde compartan sus voces, habilidades y saberes con otros y otras. Mi mayor deseo es encontrar en colectivo los modos de usar el poder y los privilegios que tenemos como profesionales para abrir posibilidades para que nuestros niños, niñas y jóvenes, hoy vulnerables, se vuelvan las voces futuras y líderes de la práctica narrativa en nuestro campo. (Yuen).

Este proceso ya está en camino. Va a requerir de esfuerzos continuos. Junto con todos los demás factores, el trabajo arduo y un sentido de colaboración en la aventura fueron dos ingredientes clave en el desarrollo de lo que hoy se conoce como terapia narrativa. Mientras trabajamos para seguir con los legados de las ideas de Michael, lo que reconforta profundamente es que muchas y muchos de nosotros estamos involucrados en este proyecto, y que todos somos diferentes.

NOTA

Muchos profesionales enviaron su contribución escrita para este epílogo. El asterisco junto al nombre de algún autor indica una de estas. Para ver una recopilación editada de todos estos escritos, ver: www. dulwichcentre.com. au/michael-white-archive.html

Palabras finales
y agradecimientos

Cheryl White

Un libro sobre el trabajo de Michael no estaría completo sin un agradecimiento a Karl Tomm. Conocimos a Karl a mediados de los años ochenta, mientras viajaba impartiendo clases en Australia. Esta reunión detonó el inicio de una entrañable amistad a largo plazo. Karl era bastante asombroso. Además de ser un médico muy calificado, se apasionaba por la teoría. Tuvimos discusiones intensas conforme las ideas fluían entre nosotros. El trabajo de Michael lo intrigaba y cuando regresó a Canadá, "abrió espacio" de un modo muy enérgico para que la voz y las ideas de Michael se compartieran en el hemisferio norte. Dado que Michael era un joven trabajador social de la clase obrera en Adelaida y Karl un catedrático de psiquiatría en Canadá, esto constituyó un extraordinario acto de inclusión. Cuando invitaban a Karl a dar talleres, él les decía a quienes organizaban que le gustaría compartir el espacio con alguien que estaba realizando un trabajo emocionante. Me imagino que estas personas se sorprendían bastante cuando se enteraban que Karl se refería a un hombre joven, que vivía en Australia, de quien nunca habían oído hablar.

Sin embargo, Karl era médico clínico y profesor muy respetado, y las personas confiaban en su criterio, así que Karl y Michael comenzaron a dar clases juntos. Es realmente importante mencionar que Karl insistió. Dijo que *sólo* aceptaría su invitación para dar clase si lo podía hacer con Michael. Este fue un acto realmente extraordinario. Se podría minimizar diciendo que era un acto de generosidad personal o la celebración de una amistad, pero fue mucho más que eso. Fue el acto de una persona mayor que utilizó sus privilegios para introducir las ideas y el trabajo de alguien más. Esto implicó compartir los honorarios por dar clase, apartarse del centro del escenario y empezar a colaborar con un ponente más joven.

Una de las primeras personas que aceptó la propuesta de Karl para presentar un taller dictado conjuntamente por Karl y Michael fue Gail Lapidus, en Tulsa, Oklahoma. Gail dijo que, en la comunidad judía de la cual ella forma parte, el acto de Karl tenía mucho sentido. Dijo que estaba actuando como un "buen rabino/maestro": según su tradición, los "buenos rabinos" encuentran la forma de abrir espacio para las ideas de la siguiente ola de pensadores.

Karl Tomm era genial. Era inspirador, solidario, y estaba lleno de energía y de alegría. Sin su compromiso, es muy probable que el trabajo de Michael no se hubiera conocido fuera de Australia ni de Nueva Zelanda. Karl ofreció una entrada a un mundo que de otra forma habría estado cerrado para alguien como Michael. Éste era un mundo desconocido para nosotros y a veces aterrador, pero la confianza de Karl nos facilitó el camino.

Cuando miro el futuro del campo de la terapia narrativa, no puedo evitar preguntarme cómo se verá nuestro campo al seguir con la tradición de Karl de "abrir espacio" para las personas que hoy día no son parte de nuestra corriente de cultura profesional, pero rebosan de entusiasmo con las ideas, innovan y luchan por saber cómo se vería una buena práctica narrativa en sus propios contextos culturales.

¿Qué significa darles a estas voces un espacio en el escenario? ¿Qué significará aprender de Karl y usar nuestros privilegios, recursos y valor para impulsar la siguiente ola de práctica narrativa?

Referencias bibliográficas

Abu-Rayyan, N. M. (2009). Seasons of Life: Ex-detainees reclaiming their lives. *The International Journal of Narrative Practice and Community Work*, (2), 24-40.

Bachelard, G. (1994). Introduction. En G. Bachelard, *The poetics of space* (M. Jolas, Trad., pp. xv-xxxix). Boston: Beacon. (Trabajo original publicado en 1958)

Bauman, Z. (2000). *Liquid modernity*. Cambridge, Polity Press.

Bauman, Z. (2001). Stories told and lives lived. En Z. Bauman, *The individualized society* (pp. 1-16). Cambridge: Polity Press.

Beck, U. (1992). *Risk society: Towards a new modernity*. Londres, Sage.

Begum, M. (2007). Conversations with children with disabilities and their mothers. *The International Journal of Narrative Practice and Community Work*, (3), 11-16.

Blanc-Sahnoun, P. (2009). Narrative coaching in a professional community after a suicide. *Explorations: An E-Journal of narrative Practice*, (1), 17-25. En www.dulwichcentre.com.au/ explorations-2009–1-pierre-blanc-sahnoun.pdf

Campillo, M. R. (2009). *Terapia narrativa: Auto-aprendizaje y co-aprendizaje grupal*. Xalapa, Publicaciones Ollin-Marta Campillo.

Caputo, J. (1993). On not knowing who we are: Madness, hermeneutics and the night of truth. En J. Caputo y M. Yount (Eds.), *Foucault and the critique of institutions*. University Park, Pensilvania: Penn State University Press.

Carey, M., Walther, S. y Russell, S. (2009). The absent but implicit: A map to support therapeutic enquiry. *Family Process, 48*(3), 319-331. doi:10.1111/ j.1545-5300.2009.01285.x

Colic, M. (2007). Kanna's lucid dreams and the use of narrative practices to explore their meaning. *The International Journal of Narrative Therapy and Community Work*, (4), 19-26.

Cowley, G. y Springen, K. (1995). Rewriting life stories. *Newsweek*, 17 abr., 70-74.

Denborough, D. (2002). Community song writing and narrative practice. *Clinical Psychology*, 17, 17-24.

Denborough, D. (2008). *Collective narrative practice: Responding to individuals, groups, and communities who have experienced trauma*. Adelaida: Dulwich Centre Publications.

Denborough, D. (2010a). *Working with memory in the shadow of genocide: The narrative practices of Ibuka trauma counsellors*. Adelaida: Dulwich Centre Foundation International.

Denborough, D. (Ed.) (2010b). *Raising our heads above the clouds: The use of narrative practices to motivate social action and economic development: The work of Caleb Wakhungu and the Mt Elgon Self-Help Community Project*. Adelaida: Dulwich Centre Foundation International.

Denborough, D., Freedman, J. y White, C. (2008). *Strengthening resistance: The use of narrative practices in working with genocide survivors*. Adelaida: Dulwich Centre Foundation.

Denborough, D., Wingard, B. y White, C. (2009). *Yia Marra: Good stories that make spirits strong—from the people of Ntaria/Hermannsburg*. Adelaida y Alice Springs: Dulwich Centre Foundation; General Practice Network NT.

Denzin, N. (2003). *Performance ethnography: Critical pedagogy and the politics of culture*. Thousand oaks: Sage Publications.

Didion, J. (2003). *The year of magical thinking*. Nueva York: Vintage.

Dreyfus, J. L. y Rabinow, P. (1983). *Michel Foucault: Beyond structuralism and hermeneutics* (2ª ed.). Chicago: University of Chicago Press.

Dulwich Centre Foundation (2009). *Finding hidden stories of strength and skills: Using the Tree of Life with Aboriginal and Torres Strait Islander children* [DVD]. Adelaida: Dulwich Centre Foundation.

Duvall, J. y Béres, L. (2011). *Innovations in narrative therapy: Connecting practice, training, and research*. Nueva York: W. W. Norton.

Duvall, J. y Young, K. (2009). Keeping faith: A conversation with Michael White. *Journal of Systemic Therapies, 28*(1), 1-18. doi:10.1521/jsyt. 2009.28.1.1.

Epston, D. (1998). Voices. En D. Epston, *'Catching up' with David Epston: A collection of narrative practice-based papers published between 1991 & 1996* (pp. 33-38). Adelaida: Dulwich Centre Publications. Nueva York: W. W. Norton. Reimpresión de *Strange encounters with Carl Auer*, en G. Weber y F. B. Simon, (Eds.) 1991.

Epston, D. (2010). What I would be doing if I were with you! [Discurso de the Narrative Therapy as Contextual Practice in South Africa Conference, Ciudad del Cabo, 12-13 oct., 2009]. *Explorations: An E-Journal of Narrative Practice*, (1), 92-94. De www.dulwichcentre.com.au/explorations-2010–1-da- vid-epston.pdf

Epston, D. y White, M. (1985). *Consulting your consultant's consultants*. Notas de taller, Fifth Australian Family Therapy Conference, Sydney, Australia.

Epston, D. y White, M. (1992). *Experience, contradiction, narrative and imagination: Selected papers of David Epston and Michael White, 1989-1991*. Adelaida: Dulwich Centre Publications.

Epston, D., White, M. y Murray, K. (1998). A proposal for a re-authoring therapy: Rose's revisioning of her life and a commentary. En D. Epston, *"Catching up" with David Epston: A collection of narrative practice-based papers published between 1991 & 1996* (pp. 9-32). Adelaida; Dulwich Centre Publications. Reimpresión de *Therapy as social construction*, de S. McNamee y K. Gergen (Eds.), 1992, Londres, Sage Publications.

Faris, W. B. (2004). *Ordinary enchantments: Magical realism and the remystification of narrative*. Nashville: Vanderbilt University Press.

Foucault, M. (1982). Truth, power, self: An Interview with Michel Foucault (25 oct. 1982). En L. H. Martin, H. Gutman y P. Hutton(Eds.), 1988. *Technologies of the self: A seminar with Michel Foucault* (pp. 9-15). Londres, Tavistock.

Fraenkel, P. (2005). Whatever happened to family therapy? *Psychotherapy Networker*, 29, 30-39, 70.

Freedman, J. y Combs, G. (2009). Narrative ideas for consulting with communities and organizations: Ripples from the gatherings. *Family Process* 48(3), 347-362. doi:10.1111/j.1545-5300.2009.01287.x

Galeano, E. (1992). *The book of embraces*. Nueva York: W. W. Norton.

Galeano, E. (2006). *Ceremony in voices of time: A life in stories*. Nueva York: Picador.

Geertz, C. (1983). *Local knowledge: Further essays in interpretive anthropology*. Nueva York: Basic Books.

Giddens, A. (1992). *Modernity and self-identity: Self and society in the late modern age*. Palo Alto: Stanford University Press.

Hall, R. (1994). Partnership accountability. *Dulwich Centre newsletter*, (2&3), 6-29.

Hegarty, T. (2009). Songs as re-tellings. *The International Journal of Narrative Therapy and Community Work*, (3), 44-54.

Hejinian, L. (2000). *The language of inquiry*. Berkeley: University of California Press.

James, W. (1890). *The principles of psychology* (vol. 1, trs. 1918). Nueva York: Dover.

Judt, T. (2010a, 29 abr.-12 may.). Ill fares the land. *New York review of Books*.

Judt, T. (2010b). *Ill fares the land*. Nueva York: Penguin.

King, J. y Epston, D. (2009). *Unsuffering myself and my daughter from ano-rexia*. Manuscrito no publicado.

Lindemann Nelson, H. (2001). *Damaged identities, narrative repair*. Ithaca: Cornell University Press.

Madigan, S. (2010) *Who has the story-telling rights to the story being told? Narrative therapy theory and practice*. Washington: American Psycholo-gical Association.

Madigan, S. (2011) *Narrative Therapy*. Washington: American Psychological Association.

Maisel, R., Epston, D. y Borden, A. (2004). *Biting the hand that starves you: Inspiring resistance to anorexia/bulimia*. Nueva York: W. W. Norton.

Mauss, M. (1954). *The gift: Forms and functions of exchange in archaic socie-ties* (I. Cunnison, Trad.). Londres: Cohen and West.

McLeod, J. (2004). The significance of narrative and storytelling in postpsy-chological counseling and psychotherapy. En A. Lieblich, D. McAdams y R. Josselson (Eds.), *Healing plots: The narrative basis for psychotherapy* (pp. 11-27). Washington: American Psychological Association.

McLeod, J. (2005). Counseling and psychotherapy as cultural work. En L. T. Hoshmand (Ed.), *Culture, psychotherapy and counseling: critical and in-tegrative perspectives* (pp. 47-64). Thousand Oaks: Sage.

McLeod, J. (2006). Narrative thinking and the emergence of post-psychologi-cal therapies. *Narrative Inquiry, 16*(1), 201-210. doi:10.1075/ni.16.1.25mcl

Murray, K. (1985). Life as fiction. *Journal for the Theory of Social Behaviour, 15*, 173-187. doi: 10.1111/j.1468–5914.1985.tb00050.x

Myerhoff, B. (1980). *Number our days*. Nueva York: Simon & Schuster.

Myerhoff, B. (1982). Life history among the elderly: Performance, visibility, and remembering. En J. Ruby (Ed.), *A crack in the mirror: Reflexive perspectives in anthropology* (pp. 99-117). Filadelfia: University of Pennsylvania Press.

Myerhoff, B. (1986). Life not death in Venice: Its second life. En V. Turner y E. Bruner (Eds.), *The anthropology of experience* (pp. 261-286). Chicago: University of Illinois Press.

Ncube, N. (2006). The Tree of Life Project: Using narrative ideas in work with vulnerable children in Southern Africa. *The International Journal of Narrative Therapy and Community Work*, (1), 3-16.

Newman, D. (2008). "Rescuing the said from the saying of it": Living documentation in narrative therapy. *The International Journal of Narrative Therapy and Community Work*, (3), 24-34.

Ord, P., y Emma. (2009). The therapeutic use of a cartoon as a way to gain influence over a problem. *The International Journal of Narrative Therapy and Community Work*, (1), 14-17.

Pluznick, R., Kis-Sines, N. (2008). Growing up with parents with mental health difficulties. *The International Journal of Narrative Therapy and Community Work*, (4), 15-26.

Pluznick, R. Kis-Sines, N. (Abr. 2010). New narratives for parents with mental health difficulties. *Context Magazine*, 43-46.

polanco, m. y Epston, D. (2009). Tales of travels across languages: Languages and their anti-languages. *The International Journal of Narrative Therapy and Community Work*, (4), 62-71.

Rose, N. (1993). *Governing the soul: The shaping of the private self.* Londres: Free Association Press.

Sax, P. (2008). *Re-authoring teaching: Creating a collaboratory.* Róterdam/ Taipéi: Sense Publishers.

Sennett, R. (2000). *The corrosion of character: The personal consequences of work in the new capitalism.* Nueva York: W. W. Norton.

Simon, R. (Ed.) (1994). Psychotherapy's third wave? The promise of narrative. [Edición especial].*The Family Therapy Networker, 18*(6), 18-49.

Sommer, D. (Ed.). (2003). *Bilingual games: Some literary investigations*. Londres: Palgrave Macmillan.

Sommer, D. (2004). *Bilingual aesthetics: A new sentimental education*. Durham: Duke University Press.

Sudnow, D. (2001). *Ways of the hand: A rewritten account*. Boston: The MIT Press.

Tamasese, K. y Waldegrave, C. (1993). Cultural and gender accountability in the "Just Therapy" approach. *Journal of Feminist Family Therapy, 5*(2), 29-45.

Tamasese, K., Waldegrave, C., Tuhaka, F. y Campbell, W. (1998). Furthering conversation about partnerships of accountability. *Dulwich Centre Journal*, (4), 50-62.

Taylor, C. (2007). *A secular age*. Cambridge: Harvard University Press.

Vromans, L. P. y Schweitzer, R. D. (2010). Narrative therapy for adults with major depressive disorder: Improved symptom and interpersonal outcomes. *Psychotherapy Research*, 1-12. doi:10.1080/10503301003591792

Vygotsky, L. (1986). *Thought and Language*. Cambridge: MIT Press.

Waldegrave, C. (2005). "Just Therapy" with families on low incomes. *Child Welfare Journal, 84*(2), 265-276.

Waldegrave, C. (2009). Culture, gender and socio-economic contexts in therapeutic and social policy work. *Family Process, 48*(1), 85-101. doi:10.1111/j.1545-5300.2009.01269.x

Waldegrave, C., Tamasese, K., Tuhaka, F. y Campbell, W. (2003). *Just Therapy—a journey: A collection of papers from the Just Therapy Team, New Zealand*. Adelaida: Dulwich Centre Publications.

Welch, S. (1990). *A feminist ethic of risk*. Minneapolis: Fortress Press.

Wever, C. (2009). Musical re-tellings: Songs, singing, and resonance in narrative practice. *The International Journal of Narrative Therapy and Community Work*, (3), 28-42.

White, M. (1984). Pseudo-encopresis: From avalanche to victory, from vicious to virtuous cycles. *Family Systems Medicine, 2*(2), 150-160. doi:10.1037/h0091651

White, M. (1988). Saying hullo again: The incorporation of the lost relationship in the resolution of grief. *Dulwich Centre Newsletter*, Primavera, 7-11.

White, M. (1989a). Family therapy and schizophrenia: Addressing the "In-the-corner" lifestyle. En M. White, *Selected papers* (pp. 47-57). Adelaida: Dulwich Centre Publications.

White, M. (1989b). *Selected papers*. Adelaida: Dulwich Centre Publications.

White, M. (1989c). The process of questioning: A therapy of literary merit? En M. White, *Selected papers* (pp. 37-46). Adelaida: Dulwich Centre Publications. (Reimpresión de la *Dulwich Centre Newsletter*, 1988, Invierno, 8-14).

White, M. (1992). Men's culture, the men's movement, and the constitution of men's lives. *Dulwich Centre Newsletter*, (3&4), 33-53.

White, M. (1993). Commentary: The histories of the present. En S. Gilligan y R. Price (Eds.), *Therapeutic conversations* (pp. 121-135). Nueva York: W. W. Norton.

White, M. (1994). A conversation about accountability (Entrevista de C. McLean). *Dulwich Centre Newsletter*, (2&3), 68-79.

White, M. (1995a). *Re-authoring lives: Interviews and essays*. Adelaida: Dulwich Centre Publications.

White, M. (1995b). Reflecting teamwork as definitional ceremony. En M. White, *Re-authoring lives: Interviews and essays* (pp. 172-198). Adelaida: Dulwich Centre Publications.

White, M. (1997). *Narratives of therapists' lives*. Adelaida: Dulwich Centre Publications.

White, M. (2000a). Challenging the culture of consumption: Rites of passage and communities of acknowledgement. En M. White, *Reflections on narrative practice: Essays and interviews* (pp. 25-33). Adelaida: Dulwich Centre Publications. (Reimpresión de la *Dulwich Centre Newsletter*, 1997, [2&3], 38-42)

White, M. (2000b). *Reflections on narrative practice: Essays and interviews.* Adelaida: Dulwich Centre Publications.

White, M. (2001). Folk psychology and narrative practice [Edición especial]. *Dulwich Centre Journal*, (2).

White, M. (2004). *Narrative practice and exotic lives: Resurrecting diversity in everyday life*. Adelaida: Dulwich Centre Publications.

White, M. (2007). *Maps of narrative practice*. Nueva York: W. W. Norton.

White, M. y Epston, D. (1990). *Narrative means to therapeutic ends*. Nueva York: W. W. Norton.

White, M. y Morgan, A. (2006). *Narrative therapy with children and their families*. Adelaida: Dulwich Centre Publications.

Wingard, B. (2010). A conversation with Lateral violence. *The International Journal of Narrative Therapy and Community Work*, (1), 13-17.

Winslade, J. (2009). Tracing lines of flight: Implications in the work of Gilles Deleuze for narrative practice. *Family Process, 48*(3), 332-346. doi:10.1111/j.1545–5300.2009.01286.x

Yuen, A. y White, C. (2007). *Conversations about gender, culture, violence & narrative practice: Stories of hope and complexity from women of many cultures*. Adelaida: Dulwich Centre Publication

Práctica narrativa: la conversación continua
se imprimió por primera vez en el mes de agosto de 2015,
en Santiago de Chile y Ciudad de México,
a siete años y cuatro meses de la muerte física de Michael White.
En su formación se emplearon las fuentes Sabon MT Pro
(Jan Tschichold, Suiza, 1967) y Helvetica Neue (sobre un diseño
original de Max Miedinger, Alemania, 1983).

www.ingramcontent.com/pod-product-compliance
Lightning Source LLC
Chambersburg PA
CBHW031451160726

47994CB00005B/1984